Ullstein KunstBuch

Ullstein KunstBuch
Ullstein Buch Nr. 36071
im Verlag Ullstein GmbH,
Frankfurt/M – Berlin – Wien
Der Auswahl liegen die beiden Bände
»Du Cinématographe« und
»Entretiens sur le Cinématographe«
zugrunde,
herausgegeben von André Bernard
und Claude Gauteur

Ungekürzte Ausgabe

Umschlagentwurf:
Hansbernd Lindemann
Foto: Ullstein Bilderdienst

Lizenzausgabe mit Genehmigung
des Carl Hanser Verlag, München

Printed in Germany 1983
Gesamtherstellung:
Ebner Ulm
ISBN 3 548 36071 8

Mai 1983

CIP-Kurztitelaufnahme
der Deutschen Bibliothek

Cocteau, Jean:
Kino und Poesie: Notizen / Jean Cocteau.
Ausgew. u. übers. von Klaus Eder. –
Ungekürzte Ausg. –
Frankfurt/M; Berlin; Wien: Ullstein, 1983.
(Ullstein-Buch; Nr. 36071: Ullstein-
KunstBuch)
ISBN 3-548-36071-8
NE: GT

Jean Cocteau

Kino und Poesie

Notizen

Ausgewählt und übersetzt
von Klaus Eder

Ullstein KunstBuch

Jean Cocteau (1889 bis 1963) ist nicht der erste große Schriftsteller gewesen, der sich dem Film zuwandte; aber als erster hat er ganz entschieden dem Kino eine eigene Poesie abverlangt: eine *filmische* Poesie, die sich von der Poesie des Theaters, des Romans, der Zeichnung, der Choreographie (den anderen Beschäftigungen Cocteaus) grundsätzlich unterscheidet. Diese Poesie des Kinos suchte er in den acht Filmen zu verwirklichen, die er als Autor und Regisseur gemacht hat, von *Le sang d'un poète* (1930) bis *Le testament d'Orphée* (1960). Filme wie Träume: keine, die ein Autor seinem Publikum erzählt, sondern solche, die das Publikum in einer Art von kollektiver Hypnose träumt; Filme, die den Zuschauer in der Surrealität sich einrichten, die ihn die Irrealität als eine Selbstverständlichkeit hinnehmen lassen.

In dem, was er verstreut schrieb zwischen 1925 und 1963, versuchte Cocteau dieser Poesie auf die Spur zu kommen: in Skizzen, Anmerkungen, Artikeln, Einführungen, Hommages; über die Poesie des Kinos und ein Kino der Poesie, über Filme, Filmemacher, Schauspieler. Cocteau selbst hat diese verstreuten Betrachtungen nicht mehr versammeln können; André Bernard und Claude Gauteur haben es nach seinem Tod besorgt. In einer Auswahl liegen diese Texte nun auch in deutscher Sprache vor. Sie machen mit einer bisher unbekannten Seite im Schaffen Cocteaus bekannt: mit Cocteau, dem Poeten und Literaten des Kinos. Ergänzt wird diese Auswahl durch das vielleicht ausführlichste Gespräch, das je mit Cocteau unternommen wurde: 1951 von André Fraigneau. Eine Filmografie aller Filme, die Cocteau gemacht hat oder an denen er beteiligt war, schließt den Band ab.

Inhalt

III. Skizzen

»KINO: die neue Muse.«
Jean Cocteau, ›Poésie‹, 1920

I. Kinematograph und Poesie

Ich bin, alles in allem, gegen die populären Schauspiele, weil ich meine, daß alle guten Schauspiele populär sind. Den Beweis dafür liefert der Kinematograph, der mehr Publikum hat als das Theater. Das breite Publikum urteilt nicht vorschnell. Es urteilt niemals nach dem Autor oder den Schauspielern. *Es glaubt an sie.* Es ist das Publikum der Kindheit, das beste.

Ein Film, der ohne irgendeine moralische oder soziale Idee gemacht ist, jedoch mit Leidenschaft, läuft Gefahr, im Zerrspiegel eines exklusiven Publikums schlecht wegzukommen. Darüber hinausgelangt, atmet er, kommt er voran, kann er leben. Unsere Aufgabe wird es sein, einen soliden Tisch zu bauen, nicht aber, ihn zu einem okkulten Gegenstand zu machen. Ein Tischler sollte kein Spiritist sein, und umgekehrt. Die kollektive Hypnose, in die Licht und Dunkel ein Publikum im Kino versetzen, gleicht sehr einer spiritistischen Sitzung. Der Film artikuliert also anderes als das, was ist. Niemand wird dieses Andere vorhersehen können. Auf jeden Fall wirkt der Anteil an Liebe, den es enthält, stärker auf die Massen als gescheite geistige Vorarbeiten.

Ich fasse mich kurz. Ich kenne keine Elite, kein Tribunal, die befinden könnten, was ein Film auf seinem langen Weg auslösen wird. Die einzige Instanz für einen Film wird sein Stil sein, die Kraft seines Ausdrucks. Alles andere ist ein Geheimnis und wird es immer bleiben.

(Rede am *Institut des hautes études cinématographiques*, 9. September 1946)

Theater und Kinematograph

Ich will behaupten, daß das Theater gerade aus einem langen und erholsamen Schlaf erwacht, in den es das überraschende Aufkommen des Kinematographen versetzt hatte. Der Kopf ist dieser platten Bilder bereits überdrüssig, die sich unaufhörlich bewegen, und die – in einem Rechteck, auf der alten Leinwand der Laterna magica – eine geisterhafte Welt anbieten, eine Welt, der die Entdeckung der Dimension der Geräusche und Töne (und die Tatsache, daß der Überraschungseffekt längst vorbei ist) viel von ihrem Zauber nimmt.

Doch lassen Sie sich nicht täuschen; an die Stelle des einen Zaubers tritt ein anderer; er kommt aus einem Unbehagen, einem Mißverhältnis, einer regelrechten Auseinandersetzung zwischen dem neuen, gewaltigen, tönenden und gleichsam farbigen Universum und dem alten Universum der Flachheit und des Grau der Photographien. Die Verzauberung (eine Verhexung wie jene, die ein Schielen manchmal bewirkt) wird bald aufhören. Die Farbe und das Relief der Töne werden auf der ganzen Linie zusammenwirken, und die naiven Dramatiker werden diesem bequemen und kommerziellen Theater auf den Leim gehen. Denn das Schauspiel und der Film widersprechen einander. Das Theater kann den Schauspielern der Leinwand nicht helfen, und umgekehrt. Die beiden Bereiche – lebendig und erlernbar der eine, mechanisch und von einem geradezu tierischen Leben der andere – schaden einander sogar. Der Filmschauspieler erweist sich als linkisch, wird er in der Weite einer Bühne allein gelassen; der Theaterschauspieler grimassiert und müht sich mit einer Vielzahl kleiner Szenen ab, die wie mit einem Brennglas konstruiert sind, jede einzelne mit der Genauigkeit einer Nummer der Music-Hall.

Der Kinematograph eilt also zu einer unheilvollen Perfektion. Übrigens wird diese Perfektion die Filmemacher nicht daran hindern, Meisterwerke zu schaffen – sei es, indem sie das falsche Theater ausnützen, sei es, indem sie ihm widersprechen. Dabei werden überraschenderweise sowohl das Theater als auch der Kinematograph ihre Quittung erhalten. Der Kinematograph, weil ihm Meisterwerke ohne die erstaunliche Bildkraft der Grisaille nicht mehr so leicht fallen werden. Das Theater, weil sich die Dramatiker auf das »Theater mit der Handkurbel« stürzen und damit die drittrangigen Stücke verschwinden lassen werden; die Bühne wird leer, der Platz wird für jene frei, die das wahre Theater lieben, die die halbherzigen Sachen verachten und durch den Auftritt von Schauspielern aus Fleisch und Blut jenes versengende Feuer erleben wollen, das die Maschine immer weniger erzeugen kann.

Der Film sollte ein Film bleiben, dessen Bilder in keine andere Sprache übersetzt werden können als in die Kunst-Sprache des Bildes; ein Star des Kinos sollte der faszinierende Fixstern bleiben, dessen Strahlen die Menschen erreichen, kurz nachdem sie erzeugt wurden; das Publikum des Kinos sollte ein von Kräften aus dem Jenseits hypnotisiertes Publikum bleiben; aber das Theater, das zu lange vom Rhythmus und Tempo der Filme verstört wurde, sollte zu seinen Privilegien zurückfinden, dank derer eine fette Isolde und ein alter Tristan uns zu Tränen rühren können.

Theater und Kino überlassen im übrigen der Literatur, was der Literatur zu eigen ist und was uns zur Untätigkeit führte: das Wort, das so schön zu lesen, dem so schön zuzuhören ist, das schreckliche Wort, das die Notwendigkeit des Handelns völlig ersetzte – eine so dringliche Notwendigkeit, daß eine gute Handlung den Zuschauer eines Dramas überzeugen wird, dem Wunder eines schmerzhaften Bildes beigewohnt, das Schauspiel mit seinen Ohren gesehen, den Dialog mit seinen Augen gehört zu haben.

(*Entr'acte,* April 1934 – Programm zur Aufführung von *La machine infernale [Die Höllenmaschine]* in der *Comédie des Champs-Elysées Louis-Jouvet)*

Eine wunderbare und gefährliche Waffe in den Händen der Dichter

Wir werden bald über die stummen Filme spotten, über die Lippen, die sich schweigend bewegen. Leider verhindern die Interessen der Konzerne, daß sich der Entdeckung des Wortes die Entdeckung der Räumlichkeit des Tons (die es gibt) anschließt. In *Hallelujah,* einem Meisterwerk des kommerziellen Films*, das ich eines Morgens im Kino Madeleine sah, schrie der Bruder; und ich konnte mir beim besten Willen nicht vorstellen, daß dies weiter entfernt geschah als hinter den Kulissen, in der Rue Vignon.

Un chien andalou, das Meisterwerk von Buñuel, beweist, daß das Kino eine gefährliche und wunderbare Waffe in den Händen der Dichter ist. Buñuel dreht einen Tonfilm; man wird von ihm einen jener Aufbrüche erwarten können, zu denen die Jungen zurückkommen, denn der Fortschritt, die Erleichterung der Arbeit verführen wie jede Bequemlichkeit zu einer bestimmten Oberflächlichkeit. Wie die ersten Chaplins, wie die ersten Western reifen und gewinnen die Filme eines Buñuel in dem Maß, in dem sie anscheinend aus der Mode kommen (dramatischere Bilder, Kontrast zwischen optischer Flachheit und Räumlichkeit des Tons, klarere Stimmen usw.).

Man verlangt von mir Zeichentrick-Filme. Ich wage es kaum, dieses Wunder anzuwenden. Ein Karikaturist kann die Zwischen-Zeichnungen seinen Mitarbeitern überlassen; ich könnte das nicht. Ich glaube, das ist

* *Hallelujah* von King Vidor, USA 1929, war der erste Tonfilm, in dem ausschließlich Schwarze spielten. In Frankreich wurde der Film enthusiastisch aufgenommen.

viel Arbeit, eine Quelle absurden Gelächters und dummer Mißverständnisse, die einen verrückt machen. Ich würde eine Tragödie zeichnen, aber es würde nicht ausreichen, daß sich meine Zeichnungen bewegen – eine Animation wäre notwendig, die ebenso einzigartig sein müßte wie die Zeichnungen.

Das Beispiel der Schallplatte beweist mir, daß die Poesie eine unbekannte Welt betritt. *Die Maschinen werden keine untergeordnete Rolle mehr spielen. Man wird mit ihnen arbeiten.*

Im Columbia-Studio habe ich Gedichte aufgenommen. Anstatt mich mit einer Photographie meiner Stimme zufriedenzugeben, habe ich meine Stimme verändert, habe nach einem Klang gesucht, der es der Maschine erlaubte zu sprechen, ohne ein bloßes Echo zu sein.

Die Platten werden also zu tönenden Gegenständen; sie machen die eingegebenen Gedichte unlesbar und beweisen, daß jetzt Gedichte und eine Musik nötig sind, deren einziger Herausgeber eine Firma wäre, die Sprech-Maschinen herstellt.

Um auf den Tonfilm zurückzukommen, es ist sicher, daß das Wort, das Relief, die Farbe zu einer Form der niederen Kunst führen; aber alle Formen der Kunst sind niedrig, das Theater vorneweg, und sie existieren lediglich durch das Außergewöhnliche.

(Nachgedruckt in *Arts,* 8. Oktober 1953)

Der Film, Vehikel für Poesie

Ich kann die naive Frage: »Ist das Kino eine Kunst?« nicht verstehen. Der Kinematograph ist eine sehr junge Kunst, er muß sich seine Adelstitel erwerben. Er ist fünfzig Jahre alt: so alt wie ich. Für einen Menschen ist das alt, für eine Muse ist es jung, vor allem, wenn man an das Alter der Malerei, der Architektur, der Musik, des Theaters denkt. Die mittelmäßigen Filme kompromittieren das Kino nicht, ebensowenig wie die mittelmäßigen Gemälde, Bücher, Stücke, die Malerei, die Literatur, das Theater kompromittieren.

Es wäre töricht, dieses Vehikel einer unvergleichlichen Poesie nicht als eine Kunst (und sogar eine sehr große) anzusehen.

Man stelle sich das Vergnügen Shakespeares vor, hätte er diese Maschine gekannt, die dem Traum eine Gestalt verleiht; und die Freude Mozarts, hätte er das Vorspiel zur *Zauberflöte* aufnehmen können.

Lebt wohl, ihr letzten nicht-farbigen Filme. Die Farbe kommt. Den einen wird sie nichts sein als eine Buntheit, andere werden in ihr das Mittel sehen, einen Stil zu erfinden.

Ich will noch etwas hinzufügen. Es ist richtig, daß der Regisseur eines Films sein Autor ist. Alles gebührt ihm. Deswegen wollte ich auch der Autor von *La belle et la bête* sein, denn ich habe dort die Regie geführt. Ich wollte dies sagen, weil man sich nichts anderes vorstellen kann, als daß ich bestrebt sei, den Platz meiner Freunde einzunehmen.

(*Le Livre d'or du cinéma français,* 1946)

Glückwunsch an Cinémonde

Soweit ich zurückdenken kann, habe ich stets Zeichnungen geschrieben und Texte gezeichnet. Es war nur natürlich, daß ich mich irgendwann durch den Film artikulieren würde, denn er bringt die beiden Alternativen zusammen. Man spricht dort mit einem Bild, und dieses Bild spricht. Das ist der Grund, warum ich, von ein oder zwei Fällen abgesehen, nie versucht habe, das zu machen, was man Kino nennt. Ich habe nur versucht, irgendwie zurechtzukommen, das heißt diese Sprache der Dichter zu formen, die eine besondere Sprache ist und nicht, wie die Leute glauben, nur eine andere Weise, ihre eigene zu gebrauchen.

Deswegen habe ich immer gesagt, daß dies nicht mein eigentliches Metier ist, daß ich kein Filmemacher bin und mich nicht veranlaßt sehe, einen Film nach dem anderen zu drehen.

Alle unsere Kollegen folgen geheimnisvollen Regeln, auch ohne sich darüber klar zu sein. Ihre Filme sind Stumm- oder Tonfilme. Sie wirken durch eine Handlung, die sich einprägt, weil sie selbst dann noch wahr wirkt, wenn das, was wir Wirklichkeit nennen, sie widerlegt, und zugleich durch Worte, die jenen lebenden Statuen Sprache verleiht, deren Geburt Mussorgski im Augenblick seines Todes voraussagte: »Eines Tages«, sagte er, »wird sich die Kunst durch Statuen ausdrücken, die sich bewegen.«

Wenn manche Menschen den ungewöhnlichen Sprung in der Zeit und die ungewöhnliche Erscheinung der Perspektive nicht begreifen, die Miss Moberly und Miss Jourdain im Trianon-Theater ausprobierten, so ist die Antwort einfach: der Film ist in einer Dose, er existiert, *es gibt ihn schon vorher.* Der Projektionsapparat entrollt ihn vor Ihren Augen; Zeit und

Raum entstehen, die es uns, bizarr ineinander gemischt, freilich nur erlauben, einzelne Episoden Stück für Stück und Sekunde für Sekunde zu erleben, und die Episoden müssen sich daraus zusammenfügen.

Im Traum gerät dieses Entrollen des Films in Unordnung, die Schicksalsgöttin verwirrt ihr Garn, eine Freiheit von unseren Scheuklappen macht es uns möglich, an der Seite unserer Toten zu leben, in unbekannten Welten. Ich würde sogar sagen: zu durchleben, was sein wird und was uns unsere biologischen Grenzen für Prophetien (Warnträume) halten lassen. In Wahrheit gehorchen die künftigen Handlungen nicht mehr den Regeln unserer Welt.

Es ist also von größter Bedeutung, daß so viele Geheimnisse und eine solche Maschine, die uns die Freiheiten des Traumes zu ergreifen erlaubt, eine Zeitschriftenpresse haben, die sie liebenswert macht und die schreckliche Macht dieser »verbotenen Spiele« unter einer beruhigenden Aufmachung verbirgt.

Cinémonde rangiert hier an erster Stelle. Ich wünsche dem Magazin und seinen Lesern Glück – Lesern, die, wie manche Briefe mir zeigen, aufgeschlossen sind für Probleme, die über den Oscar, das Festival und die bloße Aktualität hinausgehen.

(*Cinémonde* Nr. 1000, 2. Oktober 1953)

Präsentation (Kinematograph und Theater)

Die Jugend des Kinematographen, die Geschwindigkeit, mit der er seinen Platz eingenommen hat, die Zerbrechlichkeit des Materials, in dem er sich artikuliert, die waghalsigen Gefahren der Maschinen, die Welt der Phantome, die er vorzeigt, die Massen, die er anrührt – kurz: die zahllosen Probleme, die er mit sich bringt und zuweilen auch löst, üben eine Faszination aus, der man sich nur schwer entziehen kann.

Was mich betrifft, ich finde darin eine Tinte, die weniger fahl ist als die der Feder, und ich sehe im Kinematographen ein Mittel zur Umsetzung einer beträchtlichen Menge an Handarbeit, die ich beim Schreiben nicht einbringen kann. Ich weiß sehr gut, was man dem entgegenhält. Aber ist es nicht gerade dieser industrielle Mechanismus, der den Kinematographen diskreditiert und unsere Schriftsteller von ihm fernhält, ist es nicht die Notwendigkeit, den Abhang, der ihn in den Tod reißt, wieder emporzuklimmen, was uns dazu reizt, uns seiner Waffen zu bedienen?

Die kinematographische Großindustrie, die Filmfabrik, das Hindernis der Zensur und die Vermögen, die dafür aufgewandt werden, beseitigen nach und nach das Risiko oder das, was die Industriellen dafür halten. Keine Kunst ohne Risiko. Marco Polo kommt aus China mit einer Papierlaterne und einer Handvoll Reis. Er macht daraus eine fabelhafte Industrie. Warum sollten die Bemühungen einiger junger Filmemacher nicht zum Beispiel Hollywood in die Klemme bringen und zum Nachdenken zwingen?

Der Kinematograph hat mit dem Ende begonnen. Alles, was in der Kunst aufregend ist und was den Ruf einer Zivilisation ausmacht, fängt immer mit kleinen Auflagen an, in kleinen Zeitschriften, mit Schmähungen und Skandalen. Der Zwang zum raschen Erfolg hat den Kinematographen schon bei seiner Geburt auf den Stil der *Riesenauflagen,* der Mode-Romane hinuntergebracht.

Gerade jetzt wacht man wieder aus dieser tristen Beklemmung auf. Der einzelne tritt in einen Kampf mit der Mehrheit. Die Regie entzieht sich den Spezialisten. Einige mutige Produzenten geben zu, daß die Tore sich ihnen verschließen und daß das Land ihre Ware zurückweist. Gesellschaften bilden sich, die den Ängsten des Konformismus nicht länger unterliegen.

Das Publikum kümmert sich nicht um Preise und ungerechte Kritiken. Es sucht das Lebendige, sei es auch auf der untersten Stufe.

Wer also zeigt ihm den Weg? Wer leitet es an? Es bleibt ihm nur eine Art kollektiver Spürsinn, dank dessen ein von der Konvention verurteilter Film das Hindernis überspringen und die Konvention verändern kann. Ich bin der Ansicht, daß der Kinematograph zu teuer ist. Es kommt darauf an, ein System zu finden, das ihn den Jungen zugänglich macht. Vielleicht hilft das 16-mm-Format mit seinem Geist der Sparsamkeit. Vielleicht wird es Kinos geben, die Experimente vorführen. Vielleicht wird eins dieser Experimente es wert sein, daß ein Unternehmen es aufgreift und überall verbreitet. Das sind die Probleme, die uns beschäftigen, die zunächst einfach scheinen, doch immer schwieriger werden, je näher man ihnen kommt.

Es wäre töricht, unsere Träume für Wirklichkeit zu nehmen und nicht zu begreifen, daß der Kinematograph, als Kunst verstanden, eine sehr machtvolle Ordnung durcheinanderbringt. Wie denn? Haben nicht drei norwegische Fallschirmspringer den Untergang des Dritten Reiches entschieden? Ich bleibe davon überzeugt, daß nichts vor der Intelligenz und dem Mut standhält.

Kommen wir zum Theater. Es stellt sich dem Kinematographen entgegen. Der Kinematograph und das Theater kehren einander den Rücken zu. Im Theater dominieren die Schauspieler. Der Autor dient ihnen. Im Kinematographen dienen sie uns. Ich habe deshalb zwei verschiedene Versuche gemacht: *L'Aigle* und *Les parents terribles.* In *L'Aigle* wollte ich einen theatralischen Film machen. In *Les parents* wollte ich ein Stück *enttheatralisieren* und es, ohne eine Zeile zu ändern, dem Publikum unter einem neuen Gesichtspunkt präsentieren.

Es wäre töricht, so meine ich, die Trennung zweier großer Ausdrucksformen zu beklagen. Wenn der Autor sein Stück auf die Leinwand bringen will, so ist es wichtig, daß er es unbeschädigt überträgt, und daß er selbst und niemand anders es verfilmt. Er muß sich sagen: ich bewege mich unsichtbar zwischen den Künstlern, die mich interpretieren. Ich betrachte sie ganz aus der Nähe. Ich schaue ihnen ins Gesicht. Ich schlüpfe hinter ihren Rücken. Ich kreise sie ein. Ich achte mehr auf den, der zuhört, als auf den, der spricht. Ich presse mein Auge an das Schlüsselloch der Zimmer, die es rings um das Zimmer geben muß, auf das uns der Rahmen der Szene begrenzt.

Denen, die sich mit einer solchen Arbeit abgeben werden, empfehle ich, ihren Künstlern eine weitgehend freie Hand zu lassen, sie nicht auf einen bestimmten konventionellen Filmstil zu verpflichten, für den es selbstverständlich zu sein scheint, daß man nicht handelt, sondern sich auf den Blick konzentriert. Ein Stück, das lange gespielt wird, verändert sich, es treibt ab und verläßt den Heimathafen. Der Film ermöglicht es, dieses Abtreiben zu verhindern und Fehler, die sich einschleichen und die keine Macht der Welt mehr korrigieren könnte, zu vermeiden.

Die Gefahr dabei ist, daß der Theaterschauspieler mit seinem Publikum spielt und seine Stimmung abtastet, sobald er die Bühne betritt. Ein Film ist aus einem Guß. Wenn ein Publikum sich ihm widersetzt, wird keine List es überzeugen. Natürlich bleibt der wahre Film *(le film-film)* ein großes Wunder. Ein sehr seltenes. Wie ein Gegenstand aus dem All, geheimnisvoll. Aber weil der Kinematograph eine Kunst ist, eine sehr große Kunst, müssen sich diese Kunst und die des Theaters die Hände reichen.

Verfilmen wir die Klassiker in dem Stil, den ich genannt habe!

Diese Gedanken, die mir teuer sind, stelle ich gern an den Anfang des ersten *Almanach du Théâtre et du Cinéma.* Als Aide-mémoire, Wegweiser und Zeichen der Intelligenz kommt er zur rechten Zeit. Ich freue mich, durch eine halboffene Tür zur Zukunft einen Zeugen unserer leblosen Suche präsentieren zu können. Der Traum geht weiter.

(*Almanach du Théâtre et du Cinéma,* Paris 1949)

Poesie und Filme

Meinem alten und ersten Film *Le sang d'un poète* widerfuhr die Ehre, von Freud psychoanalysiert zu werden. Beim Wiederlesen seiner Studie gewann ich den Eindruck, daß dies die einzig mögliche Form der Kritik ist. Denn für das, was wir aus unserer Tiefe und unserem Unbewußten in einen Film geben, unsere Poesie sozusagen, sind wir in der Tat nicht zuständig, und es kann nur von denen entdeckt werden, die uns beurteilen. Der Tischler hat einen anderen Gesichtspunkt als der Spiritist. Der eine arbeitet daran, daß der Tisch solide wird, daß er sicher steht und daß seine Schubladen funktionieren. Der andere daran, daß er sich dreht und daß er spricht. Und so, wie Tische sprechen, das heißt eine sehr geheimnisvolle Verbindung herstellen zwischen dem Tag und der Nacht, die in uns ist, so soll auch ein Kunstwerk handwerklich sein und seine Geheimnisse preisgeben, ohne im mindesten vorher versucht zu haben, sie ins Werk zu setzen. Ich mache mithin einen großen Unterschied zwischen Filmen, die poetisch sein wollen, und Filmen, deren Poesie sich nebenbei artikuliert. Im übrigen ist *poetisch* nicht gleich *Poesie.* Es ist sogar wahrscheinlich, daß sie im Gegensatz zueinander stehen. Die Poesie kommt aus dem Unbewußten, das Poetische aus dem Bewußten. Sie kehren einander den Rücken zu. Und manches Werk einer poetischen Ordnung enthält nicht die geringste Poesie. Im Gegenteil, es gibt realistische Werke, in denen die Poesie erstrahlt und sie mit einem Glanz umgibt.

Meine Intelligenz besteht lediglich darin zu begreifen, daß ich nicht intelligent bin, trotz derer, die es mir zuschreiben. Meine Intelligenz ist wie ein Blitz, sie ist punktuell und stoßweise; dagegen verbindet die wahre Intelligenz Blitze und Punkte miteinander und kommt so zu einem Licht, in dem die Formen eine bestimmte Gestalt annehmen. Mir fehlt dieses Licht, ich rechne nur auf ein rasches Aufscheinen, das blitzartig den ungewohnten Platz der Dinge anzeigt. Das macht mich jenen verdächtig und rätselhaft, die eine Methode haben und die Dinge ausführlich betrachten wollen, anstatt nur einen schnellen Blick auf sie zu werfen.

Die erste Sorge des Dichter-Filmemachers *(cinéaste poète)* wird es also sein, eine Erzählung oder eine Legende wie einen alltäglichen Vorgang zu behandeln und an Zaubereien zu glauben, als seien sie ganz normale Handlungen. Soll ich hinzufügen, daß die durch Gewohnheit abgeflachten Handlungen ebenso fremdartig sind wie die übernatürlichen Handlungen, die der Geist erfindet?

Der Mensch hat sich das Recht genommen, eine Welt zu schaffen, die sich der sichtbaren Welt überlagert, und das Recht, diese unsichtbare Welt allen sichtbar zu machen. Ich glaube, daß diese Welt nicht nur mit der gleichen Berechtigung existiert wie die andere, daß sie auf skeptische Menschen einwirkt und sie so lange verstört, bis in ihnen schlummernde Sinne erwachen, sondern auch, daß sie Zeichen vorausschickt, die zunächst seltsam wirken, auf Dauer aber normal werden.

Die Dichter wirken seit Arthur Rimbaud nicht mehr durch einen einfachen Zauber. Sie wirken durch einen vielfältigen Zauber, und das Wort ist hier in seiner gefährlichsten Bedeutung zu verstehen. Anstatt zu gefallen, erschreckt der Dichter. Das erklärt den Kampf, den man gegen ihn führt. Beim Erwachen setzt er Kräfte frei, denen man sich im Traum aussetzte und die die Menschen rasch vergessen wollen.

Der Kinematograph ist eine mächtige Waffe, um die Menschen zu veranlassen, in wachem Zustand zu träumen. Die Nacht der Säle und das Mondlicht der Leinwand sind eigenartig genug, um jene kollektive Hypnose hervorzurufen, durch die auch die indischen Fakire wirken.

(*Filmkunst,* 22. November 1948)

Die Poesie im Kinematographen

Ich bin jedesmal sehr erstaunt, wenn ich höre, wie leichtfertig über die Poesie im Kinematographen geredet wird, über das Wunderbare im Kinematographen, und besonders über die »Ablenkung« – ein modischer Ausdruck, der besagen soll, daß das Publikum sich selbst zu entfliehen sucht, während uns doch die Schönheit in all ihren Formen zu uns zurückbringt und uns in unserer Seele den Rückhalt finden läßt, den oberflächliche Menschen anderswo zu finden hoffen.

Diese Ablenkung, die die Kritik gewöhnlich mit einer inneren Bereicherung verwechselt, kann eine ganze Jugend möglicherweise auf den falschen Weg bringen – eine Jugend, die die teure Feder des

Kinematographen in der Hand nehmen und sich mit der Tinte des Lichts artikulieren will.

Je mehr ich mich bemühe, das Metier des Films zu erlernen, desto mehr bemerke ich, daß der Film auf eine intime, bekenntnishafte und realistische Weise wirkt; und daß die Mittel, die sein Privileg zu sein scheinen, uns vom richtigen Weg abbringen und uns auf einen Weg der Phantasie und des Pittoresken führen – einen verhängnisvollen Weg, auf dem sich jeder verirrt, der nicht weiß, daß die Irrealität selbst ein Realismus mit strengen Gesetzen ist. Nichts ist detaillierter und zusammenhängender als die Handlungen des Traums, und nur ein schwaches Erinnerungsvermögen verwirrt uns die Fäden.

Ein Film ist kein Traum, den man erzählt, sondern ein Traum, den wir dank einer Art von Hypnose zusammen träumen, und der kleinste Fehler im Mechanismus weckt den Schläfer auf und nimmt ihm das Interesse an einem Traum, der nicht länger der seine ist.

Im Traum nehme ich eine Folge von wirklichen Handlungen wahr, die sich mit der wunderbaren Absurdität des Traums verschränken, denn diejenigen, die diesen Handlungen zusehen, hatten sie nicht auf dieselbe Weise verschränkt, sie hätten sie sich nicht so vorgestellt, und sie folgen ihnen aus ihrem Sessel so, wie sie in ihrem Bett den merkwürdigen Abenteuern folgen, für die sie nicht verantwortlich sind ...

Die Umfragen zu diesen Problemen stellen Fragen, die zu beantworten unmöglich ist. »Mögen Sie den märchenhaften Film lieber oder den realistischen Film?« – »Ziehen Sie den Realismus vor oder den Nicht-Realismus?« – und andere Dummheiten, die nur beweisen, daß diejenigen, die dies fragen, nie über die Dinge nachgedacht und sich nie näher mit ihnen beschäftigt haben.

Das Team ist für unsere Werke unentbehrlich. Ein einzelner Mensch kann die Fabrik nicht in Bewegung setzen, die das Leben in Konserven preßt; doch müssen die Gedanken des Menschen, der einen Film inszeniert, mächtig genug sein, damit ihm diese große Maschine gehorcht.

Jeder Arbeiter wird sich darum bemühen, in seinem Bereich eine möglichst gute Arbeit zu leisten, und er wird sich kaum um das Ganze kümmern. Es ist leider wahr, daß die Spezialisten, die im Vorführraum zusammenkommen, dem Film weder zusehen noch zuhören, sie interessieren sich einzig für das, was auf ihre eigene Leistung zurückgeht.

Der Zuschauer, der einer abendlichen Vorstellung beiwohnt und der dem Film fremd gegenübersteht, wird sich ihm auf gleiche Weise nähern, sei es, daß er in der Handlung nach eigenen Erfahrungen sucht, sei es, daß er sich der Hypnose entzieht, weil das Klappern des Projektors und die Aufeinanderfolge einander ähnlicher Szenen ihn daran hindern, den imaginären Schlaf zu schlafen.

Eine Souffleuse im Theater Hébertot schwärmte für die Beine von Madame Edwige Feuillère in *L'Aigle à deux têtes:* das hatte sie aus ihrem Kasten gesehen.

Ein einziger Mensch achtet auf das Ganze und schätzt ein, ob sich die einzelnen Verantwortlichkeiten zusammenfügen und seine Verantwortung abdecken, ob das, was er wollte, sich aus der Arbeit jedes einzelnen ergibt.

Man wird also verstehen, daß dieser Mensch in der ständigen Sorge lebt, in einen Erschöpfungsschlaf zu fallen, sich nur noch auf den Erhaltungstrieb zu stützen, der den Körper anregt und ihn zu leben zwingt.

Bei diesem Zustand, von dem ich spreche, und selbst dann, wenn das kleinste Detail zuvor geregelt wäre (denn die einen führen genau das aus, was festgelegt wurde, während andere am Ort improvisieren), wäre es töricht zu glauben, es bliebe ein Spielraum, der es ermöglicht, sich mit der Poesie, dem Phantastischen, dem Wunderbaren abzugeben. Sich für diesen Spielraum freizumachen, *wie man so sagt,* daran hindert das professionelle Bewußtsein eines Tischlerei-Arbeiters, der dabei ist, einen Tisch zu machen, und dem es nur darauf ankommt, daß dieser Tisch solide auf seinen vier Beinen steht und daß die Kanten sauber sind.

Danach kommen, wenn Sie so wollen, die Spiritisten, das heißt das Publikum; dicht nebeneinander legen sie im Dunkeln die Hände auf jenen Tisch und bringen ihn mit geheimen Tricks zum Drehen und zum Sprechen – aber die Worte, die man den drehenden Tischen leiht, kommen von uns, sie kommen aus unserer Nacht.

Die Rolle des Publikums ist außerordentlich groß, man muß es ihm wieder begreiflich machen. Leider verliert es den Sinn für das Zeremoniell und den Pomp. Durch die Schuld zahlloser Zeitschriften, die vorgeben, den Leser hinter die Kulissen blicken zu lassen und in die Intimitäten der Künstler einzuführen, hat das Theater seine Aura eingebüßt: die Topfpflanzen vor der Rampe, die Feierlichkeit des roten Vorhangs, die drei Schläge, die nahezu religiöse Stille. Jeder kommt heute zu spät, macht Lärm, bringt die Sitzreihen durcheinander, spricht mit der Platzanweiserin, hustet, räuspert sich, und wenn die Schauspieler, die sich für ihn verausgabt haben, sich vor ihm verbeugen, eilt er davon, weil er an sein Auto denkt.

Ich möchte durchaus, daß das französische Publikum für die kollektive Hypnose nicht anfällig ist, daß es unter allen Umständen seinen Individualismus bewahrt und daß es seine Intelligenz durch die Kritik beweist. Ich möchte durchaus, daß dieses sensible Elitepublikum auf der Hut ist und fürchtet, hereingelegt zu werden, wenn man ihm sein Herzblut darbietet und sich abmüht, es zu überzeugen. Aber deswegen ist ein Minimum an Höflichkeit nicht minder notwendig, und die Tatsache, daß man seinen Platz bezahlt hat, darf nicht dazu führen, daß man diese Höflichkeit vergißt und sich wie ein Schwein benimmt.

Wenn ein Mensch, der einen Film macht, uns das Wesen seiner Seele und seines Herzens darbietet – gerade weil er sich nicht kontrolliert, weil er sich eine bescheidene Aufgabe vornimmt und weil dieses Wesen aus ihm herausbricht, ein Wesen und ein Charme, die wirken, weil er sie nicht berechnet –, wie wollen Sie dann, daß dieses Wesen, diese Gefühle, dieser Charme wirken, wenn ihr wahrer Mitarbeiter, das Publikum, sich ihnen undankbar widersetzt und das Angebot einer Liebesheirat ablehnt?

Wenn das Publikum sich darin übt, die Gaben der Kindheit zu verlieren; wenn es erwachsen sein will, skeptisch, und unfähig, sich auf jene Bereiche einzulassen, in denen die Irrealität den Charakter des Selbstverständlichen hat; wenn es sich gegen die Euphorie sperrt, die ihm angeboten wird; wenn es die Dinge verspottet, die es überfordern, anstatt zu versuchen, sich auf die Ebene dieser Dinge zu begeben; kurz: wenn es angesichts der Geheimnisse des Kultes der Kunst den starken Mann spielt, dann wundert es mich nicht mehr, wenn man darüber klagt, daß die Produzenten nur noch Filme von verhängnisvoller Vulgarität herstellen wollen.

Die Sucht zu verstehen – während die Welt, in der die Menschen wohnen, und die Taten Gottes offensichtlich ohne Zusammenhang sind, widersprüchlich und unverständlich – die Sucht zu verstehen verschließt uns die ganz großen herrlichen Gefühle, die die Kunst in der Verlorenheit findet, in der der Mensch nicht mehr verstehen will, sondern fühlen.

Deswegen begeistert mich der Kinematograph, er übertrifft das kleine Publikum des Theaters, vor allem kann er in der Welt die Seelen erreichen, die nach einer Nahrung verlangen und denen man sie verweigert.

(*L'Amour de l'Art,* Nr. 37, 38, 39, und *Cinéma,* 1949)

Die Schönheit im Kinematographen

Schönheit entsteht aus Beziehungen. Ihr Reiz liegt in einer besonderen und metaphysischen Wahrheit, die sich in einer Fülle von Gleichgewichtigem und Unausgewogenem, Ungeschicktem, Ansätzen und Pausen, Biegungen und geraden Linien artikuliert; all das ist einzigartig und führt in der Summe zu einer wunderbaren, mühelos zustandegekommenen Vielfalt. Ihr Zeichen ist es, jene zu richten, die sie richten, oder die sich einbilden, dazu die Macht zu haben. Die Kritiker haben keine Macht über sie. Sie müßten ihre Wirkungsweise bis ins Detail kennen, was sie nicht können, weil sie ein Geheimnis ist. Wie Charlie Chaplin den Wecker zerlegt, den er wie eine Konservenbüchse aufgemacht hat, so zerlegt die Kritik ein Getriebe und verstreut die Teile. Der Kritiker zerlegt das Getriebe. Unfähig, es wieder zusammenzusetzen und die Beziehungen, die es beleben, zu begreifen, wirft er es weg und wendet sich anderen Übungen zu. Aber das Ticktack der Schönheit dauert an. Die Kritiker hören es nicht, denn das Getöse der Aktualität verstopft die Ohren ihrer Seele.

Die Schönheit ist in ihren Erscheinungen sehr verschiedenartig und dennoch wie aus einem Guß. Sie verbreitet sich und setzt sich in den Werken der Kubisten fort, die ihr als Anlaß oder Vehikel dienen, und sie verlangt von ihnen nur zu überdauern, damit sie ihr dienen können. Sie meidet diejenigen, die sie bezwingen oder ihr die Kraft nehmen wollen. Sie fordert von uns in gewisser Weise dieselbe harte und bescheidene Arbeit, die wir von den Arbeitern eines Filmstudios verlangen. Man muß das erst verstehen, ehe man dem Geheimnis näherkommt, warum sie an Orten entsteht, von denen die Industrie sie vertreibt, um an ihre Stelle eine Art Vorhersehung zu setzen. Denn wenn ihr Gesicht auch die Menge täuscht, eine scheinheilige Gestalt annimmt und sich mit der schrecklichen, perversen Grazie der Jungfrauen von Raffael, der Zwitter von Leonardo, der Interieurs von Vermeer in die Welt schleicht, so kommt sie doch häufig mit ihrem Herannahen auch zum Vorschein.

Es kommt außerdem vor, daß sie nahezu unsichtbar ist, und weil wir vom Kino sprechen, zitiere ich das Beispiel des Films *The magnificent Ambersons* von Orson Welles. Vor aller Augen spricht die Schönheit dort eine so perfekte Sprache, daß unsere Kritiker sie als eine Platitüde ansehen. Das ist nicht unbedingt deren Fehler. Um auf vielen Hochzeiten tanzen zu können, müssen die Kritiker um die Seele eine Art Rinde haben, vergleichbar der Sohle, die den Fuß schützt.

In *La belle et la bête* haben es Christian Bérard, Auric, ich und der Rest meines Teams vermieden, jenen ornamentalen Stil, jene arge Verworrenheit in Szene zu setzen, die so sehr in Mode sind und auf die Kritiker Eindruck machen. Man muß der Mode den Rücken kehren und der Schönheit – die sich dem verweigert, der sie herausfordert – eine Falle bauen, in die sie ihr Haß auf die Gewohnheit ohne weiteres gehen läßt.

Unsere Rolle beschränkt sich also darauf, das Unverständliche verständlich zu machen, dem Stil der großen französischen Märchen-Mythologie treu zu bleiben, jenem naiven Realismus, der glaubwürdig ist. Christian Bérard hat vom Anfang bis zum Ende des Films ein Genie gezeigt, dem ich niemals genügend Ehre erweisen kann. Er hat nicht nur dem Team jene Wahrheit aufgeprägt, die sich von der Wirklichkeit abkehrt und ihre Kraft aus einem fast nachtwandlerischen Gespür für das Gleichgewicht schöpft, er hat auch das kleinste Detail, den geringsten Gegenstand offen und sorgfältig ausgewählt – an der Grenze zur Häßlichkeit, in jenem Bereich, in jenem Stil, den man scherzhaft den Stil »des Bahnhofs von Lyon« nennt; das ist der Bereich und der Stil von Gustave Doré, dem Meister dieses Deliriums bis zur äußersten, jedoch nie überschrittenen Grenze zum Plunder.

Ich spreche vom Schloß des Untiers in *La belle et la bête,* dessen Grundrisse wir in dem fremdartigen Park von Raray (bei Senlis) erkennen konnten, in dem die Mauern mit Hunden und Hirschen und barocken Büsten italienischen Ursprungs verziert sind. Die Szenen beim Kaufmann drehten wir in der Touraine, und bei Vermeer und Pieter van Hoogh fand Bérard das Aussehen meiner Figuren. Eine Skizze bedeutet Christian Bérard wenig. Alles kommt von seinen mit Tinte bekleckerten Händen. Er erfindet, verwirft, zerreißt, und er ist so lange nicht zufrieden, bis er das natürliche Aussehen erreicht hat, das die schlechten Dekorateure verwerfen. Dasselbe traf für die Dekors zu, die Moulaert ihm vorbereitet hatte, und die Carré ihm entwarf: sie störten ihn, und er verwandelte sie aufgrund seiner Verzweiflung und der Sucht, seinen Traum einzuholen.

Das Feuer, das eines Abends aufflammt, an dem sich die Maler und die Dichter verkleiden, zur Improvisation gezwungen, weil es keinerlei Material gibt: Bérard findet es und hält es fest.

Gewiß, ohne ihn hätte ich nichts erreicht. Auch nichts ohne Auric, dessen großartige Musik bei weitem das übertrifft, was man von einem tönenden Hintergrund erwarten kann. Gewiß, ich forderte von Alekan, ohne die Raster, die Gaze, die Schleier, die Weichheit auszukommen, die

die Naiven für die Kennzeichen des Märchens halten. Gewiß, ich verlangte von meinen Künstlern, sich so im Ungewohnten zu bewegen, als sei es nicht ungewohnt. Gewiß, mein ganzes Team folgte mir bei dem verbissenen Versuch, sich nicht in einem falschen Mysterium zu verfangen. Gewiß, Josette Day bewahrte in der Rolle der Prinzessin ihre ländliche Schlichtheit und prägte ihren Gang nur durch die Metamorphosen des Traums; Jean Marais verzichtete auf die Mittel des Horrorfilms und blieb in der Rolle des Untiers ein armer, gebrechlicher Grandseigneur, der sich an die Brust schlägt und der ungeschickt den Ort seines Leidens sucht. Aber das alles hätte mir nichts geholfen, wenn die Anstrengung der Arbeit es nicht ineinander verschmolzen und irgendwie bescheiden gemacht hätte.

Dahin wollte ich kommen. Der Aufnahmeapparat sieht nur das, was man ihm zeigt. Unerbittlich und getreu registriert er noch unsere kleinsten Fehler. Auf der hellen Leinwand verzehnfacht er sie wie durch ein Brennglas. Nachdem wir das verstanden hatten, bemühten wir uns, im Stehen zu schlafen und die Arbeit eines guten Tischlers zu tun. Der Tisch mußte solide und brauchbar werden. Damit die anderen die Hände auf ihn legen, ihn zum *Drehen* bringen und die Geister beschwören können.

Man hat mir die Armleuchter vorgeworfen, die lebenden Säulen, die Hand, die zum Trinken dient, kurz, das, was sich in der Fabel findet und was Bérard und ich mit den einfachsten Mitteln darstellen wollten, mit Mitteln, die man bei Méliès bewundert, hier aber unserer List zuschreibt. Welcher List, großer Gott? Wir haben uns durchgeschlagen, wie wir konnten, und niemand (von einigen Spezialisten und Zuschauern abgesehen) hat uns dazu gratuliert, daß wir niemals auf die Fabrik zielten, daß wir uns niemals auf die Schwindeleien der *Tricks* einließen, daß Alekan, Clément und ich vielmehr immer mit unseren eigenen Augen gesehen haben, was der Apparat gerade aufnahm und in den Kasten brachte. *Auf die Feen achten:* das ist es, was ich jenen empfehle, die glauben, daß das Kino eine Maschine zur Herstellung von Wundern sei. Der Schlag mit dem Zauberstab ist zu einfach. Marcel Carné trifft bei den Aufnahmen in einer Métrostation ebensoviele Fabelwesen wie ich. Orson Welles trifft sie ebenso wie wir im Dämmerlicht des wundersamen Hauses, in dem er die Mitglieder seiner Familie zusammenführt. Die schrecklichen Säle der »Elite« erwarten etwas Bestimmtes (was auch immer!), und das macht sie unempfindlich für das andere, das wir ihnen geben und das mit ihrem inneren Zustand überhaupt nicht korrespondiert. Sie wollen einen Text, der sie ständig angeht. Sie werden ihn nicht kriegen. Sie wollen spaßige Bilder. Sie werden sie nicht kriegen. Sie wollen den Traum, das Verschwommene. Sie werden es nicht kriegen. Was sie kriegen werden, und das ist schlimm genug für sie, ist die Vertrautheit des wahren Traums, den sie mit einer bequemen Träumerei verwechseln. Denn die Schönheit des Kinos ist keine besondere Schönheit. Es ist die Schönheit eines Bildes von Picasso, eines griechischen Marmors, der Dame mit dem Einhorn, eines erleuchteten Fensters in der Nacht, einer Brücke über einen Fluß, einer kleinen Straße. Unmöglich von jenen zu spüren, die den Keim des Staunens nicht in sich tragen, an den sich das Wunderbare richtet.

Aber die Schönheit ist wie die Natur. Sie gibt sich ganz. Sie braucht nicht tausend Seelen, um weiterzuleben. Wenige genügen ihr, in sie dringt sie ein. Und sie findet sie immer.

(Dezember 1946)

Aus Anlaß der Biennale von Venedig

Die Gebäude am Markusplatz sehen aus, als seien sie irgendwie auf einem Tisch ausgestellt, und das gibt ihnen den ungewohnten Anstrich von Gegenständen aus Gold, als kämen sie aus der Tasche irgendeines Dogen und seien von Einbrechern zurückgelassen worden, die nichts mit ihnen anzufangen wußten.

Im Dogenpalast, auf dem Hof, wurden die Filme der Biennale gezeigt. Das Publikum mußte dem Drama auf einer Leinwand folgen, die sich vom Marmor abhob, gegen die Glocken vom Campanile und den Flug der Nachtfalter. Ich spreche von den Geräuschen, die sich von Reihe zu Reihe fortpflanzen, wenn die Tauben Schwärme bilden, wenn der schwarze Kaffee fließt, wenn die Plakatwände der Kinos beim leisesten Hauch von der Adria gegeneinander schlagen.

Unsere Arbeit an *Ruy Blas* im Studio Giudecca hielt uns bis neun Uhr auf und hinderte uns daran, Filme zu sehen.

Ein Festival steigert übrigens kaum das permanent festliche Aussehen einer toten Stadt, die unter dem Einfluß der Angst und eines Wahns gebaut wurde, wie von Schiffbrüchigen, die ihr Glück auf den Wellen hochzuhalten versuchen. Nichts ist in Venedig merkwürdiger als das Schauspiel der Geschäftsleute, die mit Hornbrillen und Ledertaschen aus den Hotels kommen und sich dem Rhythmus der Maskeraden, der Serenaden und der anderen Bequemlichkeiten anpassen müssen...

Nach dem, was man mir erzählt, habe ich den Eindruck, daß die Technik ihre Verwüstung fortsetzt, und daß die Maschine durch ihr Verschulden auch weiterhin über den Geist triumphiert. Nur die neuesten italienischen Filme, denen in Italien übrigens keinerlei Wichtigkeit beigemessen wird, siegen erfolgreich über die Maschine und ziehen einen Nutzen aus der Unbequemlichkeit, dank derer der Geist stets triumphiert.

Das ist der Fall bei *Paisà,* dem bewundernswerten Film von Rossellini, in dem sich ein Mensch durch ein Volk artikuliert und ein Volk durch einen Menschen, und das vollkommen sinnfällig.

Das ist das Privileg der Filme von Emmer*, der seinen Stil auf ein Gemälde oder ein Fresko gründet, und der auf die großen Figuren zurückgreift, die ihm ein Hieronymus Bosch, ein Giotto, ein Uccello an die Hand gaben. Seine Sensibilität erlaubt es ihm, ein lebloses Werk zu beleben, ihm zu einem eindrucksvollen Leben zu verhelfen, die Maschine (die Kamera) in den Dienst der Seele zu stellen, die Maschine zu überspielen und die Technik des Kinematographen und der Malerei vergessen zu lassen, zum Nutzen eines geistigen Lichts, das völlig neu und unerwartet ist. Diese Belebung eines Gemäldes durch die Fahrt mit der Kamera, den Ausschnitt einer Figur, die außerordentliche Wichtigkeit eines Details, die Distanz des Apparats bestürzt uns, und wir müssen uns eingestehen, daß wir das meisterhafte Gemälde, das wir auswendig zu kennen glaubten, nur sehr schlecht kennen.

In Venedig keine Polizei in Uniform. Eine gute Laune zeichnet die Menschen aus, die in dieser Dekoration bummeln, und die die Winkel der schönen Kulissen aufsuchen. Wem dienen die Theater und die Kinematographen? Für diese gefälligen Leute ist alles Theater, jede Boutique ist ein Schauspiel, fast nichts fehlt ihnen, und ohne jede Empörung vergnügen sie sich damit, den Touristen zuzuschauen, wie sie sich gierig den Magen vollschlagen, auf der Straße, die von Restaurants überfließt.

Dieses Ballett von Carpaccio, von Goldoni, dieser Spaziergang, diese nächtlichen Umzüge der Gondeln, die wie ein langsamer Lavastrom rings um ein Casino voller Lichter treiben, und in diesen Lichtern beugt sich der Dom, um unter den Holzbrücken hindurchzukriechen, kurz, diese ständige Ablenkung für das Auge lädt die Welt ein, sich nicht in einem Saal einzuschließen. Venedig hat auch ein vorbildliches Theater: das

* Luciano Emmer, italienischer Regisseur (1918 in Mailand geboren), der mit Dokumentarfilmen im Umkreis der Neorealisten begann und mit einer Reihe von Filmen über Maler und ihr Werk bekannt wurde.

Fenice, in das meine Künstler aus dem *Aigle à deux têtes* gehen wollen, um für das Festival zu spielen.

Noch ein Abend, noch eine Gala. Ich habe die Filme nicht gesehen, ich sage es noch einmal. Ich kann mir nur schlecht eine Reihe von Veranstaltungen am Rande dieses Festes vorstellen, das Venedig ist und aus dem man verbannt ist, wenn man es verläßt.

(*Carrefour,* 8. September 1947)

Über den »film maudit«

Es ist wichtig, uns über den genauen Sinn des Begriffs *maudit* klar zu werden, wenn wir ihn auf den Kinematographen anwenden wollen.

Der Ausdruck *poètes maudits* stammt von Mallarmé. Er bezeichnet die Dichter, deren Werk aus dem normalen Rahmen fällt und jene Grenze überschreitet, an der die mittelmäßigen Dichter haltmachen. Diese »verfluchten Dichter« entziehen sich der Analyse, und die Richter ziehen es vor, sie kraft ihres Amtes zu verurteilen. Daraus folgt, daß die solchermaßen Verurteilten nicht mehr teilhaben an den Vorteilen der *Sichtbarkeit,* daß sie in gewisser Weise *unsichtbar* werden, außer für jene, deren Auge weit blickt und die sanften, ungewohnten und tiefen Lichter zu durchdringen liebt.

Die Unsichtbarkeit, die Mallarmé einen Fluch nennt, kommt ferner zustande, sobald sich ein Mensch einer Mode, sei sie auch noch so überspitzt, zu widersetzen versucht. Da wird die Unsichtbarkeit perfekt, weil sie nicht einmal mehr am Prestige der Rätsel teilhaben kann. Nach einer langen Zeit der Rätsel zeigt sich die Kühnheit heute zuweilen im Gewande der Schlichtheit. Das ist dann ein großer Moment von Einsamkeit. Denn weder die einfachen Menschen noch die Intellektuellen erkennen sie.

Es schien uns dringlich, das Problem anzuzeigen, das den Kinematographen in große Schwierigkeiten bringt. Ist es nicht die einzige Kunst, die nicht warten kann und darf, weil die Summen, die sie kostet, nach unverzüglichem Erfolg verlangen? Doch für manche Menschen, für immer mehr Menschen ist der Kinematograph ein bewundernswertes Mittel, um individuellen Träumen Gestalt zu verleihen, um einer großen Zahl von Personen die Teilnahme an geheimen Vorgängen zu ermöglichen, um die Einsamkeit zu vertreiben und sie zu orchestrieren. Es versteht sich von selbst, daß ich unter Träumen nicht diejenigen verstehe, die man im Schlaf hat, sondern Schauspiele, die in der Nacht des Menschen entstehen und die der Kinematograph ans Licht bringt. Das Dunkel der Säle wird dann der Nacht des menschlichen Körpers ähnlich, einer Nacht, in der eine Menge von Individuen gemeinsam denselben Traum träumt.

Eine Minderheit, die nicht oder kaum denkt und die die finanziellen Mittel besitzt, um eine Mehrheit zu werden, hat die Sache von Anfang an, oder fast von Anfang an in die Hand genommen. Eine andere Minderheit, die denken kann, stört sie dabei. Die erste Minderheit träumt davon, die andere, denkende Minderheit zu zerstören, sie wirkungslos zu machen. Sie hat beschlossen, sie kenne das Publikum und wisse, was ihm fehlt. Sie mißt das Publikum nach ihrem Maß, und sie verachtet es. Sie dekretiert, es komme darauf an, da der Kinematograph ein populäres Unternehmen und das Publikum dumm sei, dem Publikum keinerlei Anstrengung abzuverlangen. Diese reiche Minderheit irrt. Das Volk steht der anderen, der denkenden Minderheit sehr viel näher. Jede Minute beweist es und vergrößert das Debakel der Produzenten. Doch da sie sich nicht dem Risiko aussetzen wollen, weigern sie sich, die Gründe zu sehen, und erklären, die Filmindustrie stecke in der Krise und ihnen drohe der Bankrott.

Ihr Fehler ist, daß sie den Kinematographen nur unter industriellem Blickwinkel sehen. Zwar ist er eine Maschine, aber was er herstellt, läßt sich nicht nach den Methoden verkaufen, mit denen man Textilien unter die Leute bringt. Wären die Produzenten so schlau gewesen, ihre guten Flaschen in den Keller zu legen, hätten sie gemerkt, daß ihre Triumphe nichtig sind und daß ihr Abfall (was sie dafür halten) ihnen Vermögen einbringen kann. Der anfängliche Fehlschlag – der im Bereich des Kinematographen als definitiv gilt – ist das Adelszeichen der Meisterwerke. Man täusche sich nicht, der Fehlschlag ist keineswegs unabdingbar. Ein Erfolg, der sich einem Mißverständnis verdankt, kann alles verändern. Die Filme von Charlie Chaplin, wahre Kafka-Dramen, waren erfolgreich dank dem unbändigen Lachen, das sie auslösten, und wenn sie später ihren richtigen Platz einnehmen, wirft man ihnen zuweilen vor, nicht mehr komisch zu sein, weil das Dramatische nun das Komische überwiegt. Aufgrund dieser Entdeckung verurteilt die nichtdenkende Minderheit ein Meisterwerk, das den ganzen Chaplin zusammenfaßt: *Monsieur Verdoux.* Den herrlichen Filmen von Harry Langdon erging es ähnlich. Wohlgemerkt, man hat sie nicht komisch gefunden. Sie haben ihre Produzenten und ihren Autor ruiniert. Das sind die exemplarischen *films maudits. Peter Ibbetson, La force des ténèbres, Greed:* lauter lebendig begrabene Meisterwerke.*

Der Augenblick ist gekommen, sie zu ehren und Alarm zu schlagen. Der Kinematograph muß seine Adelstitel herausstellen, muß sich aus einer Sklaverei befreien, aus der viele mutige Menschen sich zu befreien trachten. Eine Kunst, die für die Jungen unerreichbar ist, wird nie eine Kunst sein.

Man wird mir mit Zahlen antworten.

Ich setze Zahlen dagegen. Die Angst vor dem Risiko ruiniert die Produzenten. Man verschließt sich den Überraschungen. Die besten Filme entstehen unter Schwierigkeiten. Rußland, Deutschland, Italien haben in ihren schlimmsten Momenten auf den Leinwänden der Welt triumphiert. Sobald die Länder dann einen Aufschwung nehmen (reich werden), sinkt das Niveau ihrer Filme. Um so besser, daß die Minderheit, von der ich hier spreche, diese Filme für schlechte Propaganda hält und wieder in ihre Fehler zurückfällt.

Es gibt keine filmische Produktion. Das ist eine Farce. Es gibt sie sowenig wie eine literarische, malerische, musikalische Produktion. Es gibt keine guten Film-Jahrgänge, so wie es gute Wein-Jahrgänge gibt. Der schöne Film ist ein Zufall, ein Streich, der dem Dogma gespielt wird, und es gibt einige Filme, die die Regeln mißachten, ketzerische Filme, *films maudits.* Ihre Schatzkammer ist die Cinémathèque française. Diese Filme wollen wir verteidigen.

(*Festival du Film maudit,* Biarritz 1949)

Die Lehre der Festivals

Sie fragen mich, worin meiner Ansicht nach die Lehre der Festivals besteht, die einander in beeindruckendem Tempo folgen.

Was mich betrifft, ich ziehe den Volksentscheid vor. Er besagt mehr, und es geschieht selten, daß er nicht mit unseren geheimen Vorlieben übereinstimmt. Aber das Festival richtet seine Scheinwerfer auf eine Kunst, der Frankreich nicht den Platz einräumt, den sie verdient. Das

* *Peter Ibbetson* von Henry Hathaway, USA 1935. – *La force des ténèbres:* Cocteau meint wahrscheinlich die Tolstoi-Verfilmung *Die Macht der Finsternis,* Deutschland 1923, Buch Robert Wiene, Regie Conrad Wiene. – *Greed* von Erich von Stroheim, USA 1924.

kommt daher, daß der Kinematograph noch sehr jung ist und erst beginnt, sich vom industriellen Mechanismus loszusagen und sich den Adelsbrief zurückzuholen, auf den er seit seiner Geburt ein Anrecht hat.

Ein Festival trägt dazu bei, jene geistige Trägheit zu überwinden, die die einen dazu veranlaßt, das Publikum falsch einzuschätzen, und die anderen dazu, die Kinosäle als eine dunkle Zone zu betrachten, die man achtlos durchquert.

Ein Festival stellt Probleme, die die Jury zu lösen sucht, und da mehrere Menschen diskutieren, reflektiert jeder von ihnen andere, und das Verdikt hat Chancen, sich einem zahllosen Verdikt anzunähern.

Beim *Festival du Film maudit* in Biarritz gaben wir die Palme dem amerikanischen Film *Mourning becomes Electra.** Wir schwankten zwischen diesem Film und *La notte porta consiglio* von Pagliero.** Doch ungeachtet der Anmut des Films von Pagliero, der wie ein arabisches Märchen erzählt ist, glaubten wir, daß Pagliero in einer größeren Freiheit arbeiten konnte als die amerikanischen Regisseure, die sich unüberwindlichen Hindernissen der Zensur und des Verleihwesens gegenübersehen.

Mourning becomes Electra steht daher für den Typ des *film maudit,* das heißt eines Films, dessen Kühnheit durch keinerlei Umstände beeinträchtigt wird und der den Gefahren mit außerordentlichem Mute trotzt. Wer im großen Publikum kennt die Atriden? Morde und Selbstmorde häufen sich. Die Schauspieler reden in der theatralischen Art der Tragödie.

Nur: dieser Film ist nicht Theater, denn der Kinematograph richtet seine schreckliche Lupe auf die Details der Handlung, und die Großaufnahme spielt die Rolle der antiken Maske. Kurz, wenn ein träges Publikum diesen Film ablehnt, wird das Festival gleichwohl seine hohen Qualitäten herausgestellt haben.

Das Festival von Cannes leistet dank seiner Bedeutung und dank der Feierlichkeit, mit der es sich umgibt, der siebten Kunst einen unschätzbaren Dienst. Gewisse Gefahren bedrohen seinen Betrieb. Es kommt vor, daß Filme, die man zu sehr erwartet hat, mit Vorurteilen belastet sind und an einer momentanen Ungerechtigkeit scheitern. In diesem Falle wird die Gerechtigkeit sich von selbst erneuern, und das Festival hat immer noch einen guten Dienst geleistet, indem es das betreffende Werk dazu zwingt, das Hindernis zu überwinden und sich durch seine eigenen Mittel zu beweisen.

* Dudley Nichols' O'Neill-Verfilmung »Trauer muß Elektra tragen«, USA 1947.

** »Die Nacht bringt Rat« (auch bekannt als *Roma città libera,* »Rom, freie Stadt«) von Marcello Pagliero, Italien 1946.

In jedem Fall ist es wichtig, daß es Festivals gibt und daß sie die Läufer dazu bringen, das Rennen zu laufen. Je mehr außergewöhnliche Filme ein Festival zeigt, desto mehr werden die Produzenten und Verleiher ihre Angst vor dem Publikum verlieren, das sie verkennen und das sich nur zu gern weiterführen lassen will.

PS: Man hat über den Sinn unseres Festivals in Biarritz soviel Falsches geschrieben, daß ich ihn noch ein wenig präzisieren will. Es handelt sich nicht darum, Filme zu zeigen, die das Publikum ablehnt. Es handelt sich darum, Filme zu zeigen, die aus unglücklichen Gründen keinen Kontakt zum Publikum fanden, oder solche, die man in die Kinos zu bringen zögert, aus Angst vor diesem Publikum, das in Wirklichkeit viel sensibler ist, als man glaubt.

(*Cinémonde,* 5. September 1949)

Rendezvous in Cannes

Ich war sehr glücklich über die Urkunde von Louis Lumière, die ich als Ehrenbezeugung von den Organisatoren des Festivals erhalten habe: »Ehrenpräsident des Festivals von Cannes«. Sehr glücklich, weil damit die Mühen meiner zwei Jahre währenden faktischen Präsidentschaft belohnt wurden, und besonders, weil der Titel ideologischer Art ist und mich folglich nicht zwingt, meine Arbeit zu unterbrechen und in Erscheinung zu treten (nicht daß es mir unangenehm wäre, in Kontakt mit einem Milieu zu leben, in dem ich einen Teamgeist, ja fast ein familiäres Klima gefunden habe). Aber ich habe mich sozusagen aus der Runde zurückgezogen, und außerdem macht mich dieser Kontakt mit dem Kinematographen immer irgendwie traurig und trübsinnig – wie ein Versuch, alte Gewohnheiten wiederaufzunehmen, die mir bis auf weiteres verboten sind.

Nur daß Favre le Bret* unter einer lässigen und und scheinheiligen Oberfläche voller Listen und Ränke ist. Er mag mich, glaube ich, und er weiß, daß ich mich, wenn es sein muß, voll einsetze. Kurzum, er ruft mich also in meinem Refugium an der Côte d'Azur an und erzählt mir, daß die Jury für das Festival von 1957 sich aus den ehemaligen Präsidenten zusammensetzen soll. »Es war mir also unmöglich, mich dieser Aufgabe zu entziehen.«

* Robert Favre le Bret, Präsident des Festivals von Cannes.

Ich glaubte nun, sehr geschickt zu sein, indem ich antwortete, ich würde zusagen, wenn *alle* zusagten, und ich war sicher, daß wenigstens einer von uns durch seine Geschäfte von Cannes abgehalten würde, so daß der Machiavellismus Favres hinfällig wäre.

Ich irrte. Bewegt, so vermute ich, von derselben nostalgischen Anziehungskraft dieses Palastes, auf dem der Mistral die Fahnen durcheinanderweht, und von keinerlei sonstigen Umständen abgehalten, folgten alle ehemaligen Präsidenten dem Ruf.

Und so kommt es, daß wir uns in diesem Jahr wie Gespenster bei einem Totenfest um einen langen grünen Tisch versammeln wie in der *Académie*.

Da sich das Tribunal aus lauter Präsidenten zusammensetzt, habe ich Favre vorgeschlagen, daß keiner von ihnen präsidiert. Ich weiß nicht, ob er diesen weisen Rat befolgen wird, aber er würde uns Verantwortlichkeiten ersparen, deren schwere Last ich kenne.

Ich wiederhole häufig, daß ich mich lieber auf seiten der *Angeklagten* befinde als auf seiten der *Richter*. Daß es mir sehr unangenehm ist, wen oder was auch immer zu beurteilen, den einen zu belohnen und den anderen zu benachteiligen. Bei diesem Spiel kriegt man immer nur Schläge.

Doch da ist die sonnenüberflutete Croisette, der malvenfarbene Esterel, der dunkle Saal und seine Maschine zur Wiedererweckung der Schatten, das Getratsche im Hotel, die Erinnerungen an Studios, in denen unsere Dekorationen mit unheimlicher Geschwindigkeit entstanden und wieder vergingen, etwas wie die geheimnisvolle Geometrie eines mysteriösen Labyrinths hinterlassend ...

Und da ist dieses Wunder: die Kameradschaft. Max Jacob schrieb mir: »Du kennst nur die freundschaftliche Leidenschaft, Du hast keinerlei Sinn für die Kameradschaft...« Vielleicht irrte er. Denn sobald ich wieder in dieses Milieu komme, das mir soviel Freude und soviel Leid gebracht hat, widerstehe ich nicht, lasse mich treiben in einem Element, das voller heiliger Monster und seltsamer Wunder ist.

(*Les Lettres françaises*, 2. Mai 1957)

Wissenschaft und Poesie

Diese Woche habe ich mich sehr über den Artikel eines jungen Journalisten amüsiert, der die Kernforschung für eine Mode hält und mich beschuldigt, ihr zu folgen *(sic!)*, wobei er mich mit Brummell* vergleicht. Abgesehen davon, daß ich mir nur schwer vorstellen kann, wie Brummell einer Mode folgt, übersieht unser Journalist hier wohl, daß die Kernforschung mit Heraklit begann.

Gestern waren die Unbekannten noch Unbekannte. Heute sind die unbekannten Künstler bekannt und manchmal berühmt und die berühmten oft unbekannt. Hätte dieser junge Journalist mein Werk gekannt, er hätte verstanden, warum das Kernforschungszentrum Saclay den Text zu seinem Film *A l'aube du monde* (»Am Anfang der Welt«) von mir haben wollte. Wissenschaft und Poesie haben mit Zahlen zu tun. Sie sind keine Äußerlichkeiten, sondern Organismen, sie dulden nicht die kleinste Ungenauigkeit, nicht die geringste Vagheit. Ein Kapitel aus meinem *Tagebuch eines Unbekannten*, überschrieben »Über Entfernungen«, steht am Anfang unserer Zusammenarbeit.

Dieses Kapitel und die Probleme, die mich seit langem beschäftigen, haben mir die verschlossene Welt der jungen Wissenschaft weiter geöffnet als der Zufall freundschaftlicher Begegnungen, und diese Welt hat sehr wohl verstanden, daß der Satz zu Beginn des Films: »Wenige Gelehrte beherrschen den Gebrauch der Worte« keine Boshaftigkeit war, sondern ausdrücken sollte, daß es unser Vorrecht als Dichter ist, das Abstrakte konkret zu machen, das Unsichtbare einzukreisen, ihm Masse und Kontur zu geben, kurz: Interpret der Wissenschaftler zu werden, die, von wenigen Ausnahmen abgesehen (ein Henri Poincaré, ein Bergson), mit den Formeln der Algebra besser zurechtkommen als mit denen der Syntax. Trotz eines falschen Anscheins beweist mein Text, daß meine Formeln das Gegenteil des »poetischen« Stils sind. Sie vermeiden ihn und versuchen lediglich, einen Spaziergang zwischen Maschinen, deren Gebrauch sehr geheimnisvoll ist, etwas angenehmer zu machen. Ich habe unter Kontrolle des Kernforschungszentrums gearbeitet. Die geringste Phantasie (die ich verabscheue) war mir untersagt, doch zugleich mußte ich auch die öde Banalität der »Kulturfilme« vermeiden.

Was sich im Raum entfernt, scheint kleiner zu werden. Was sich in der Zeit entfernt, scheint zu wachsen. Aus einem Flugzeug erscheint der See

* George Brummell, 1778 bis 1840, englischer Dandy, genannt »König der Mode«. Nach ihm nennt sich ein bekanntes Londoner Modegeschäft.

als Teich. In unserer Erinnerung hat sich der Teich unserer Kindheit in einen See verwandelt. Das ist die Art von Wunder, mit dem Raum und Zeit uns zu täuschen belieben. In Saclay und Marcoule* erwarten uns andere Wunder, die uns aus der Fassung bringen. Doch wenn die Abwehr der Hexereien des unendlich Kleinen enorme Waffen mobilisiert, vergleichbar den antiken Kriegsmaschinen, so verbirgt umgekehrt die Natur unter einer ländlichen Unschuld, nach den Methoden von Edgar Poes *Gestohlenem Brief*, eines ihrer furchtbarsten Geheimnisse.

Wie alles, was vollkommen neu ist, schmücken sich auch Saclay und Marcoule nicht mit Pittoreskem. Stellen Sie sich das Bühnenbild eines Leidenschaftsdramas vor, von dem das Publikum nur die Kulissen und die Möbel sähe, die seine Zeugen waren. Denn die Sphinx der Atomkraft verbirgt ihre Rätsel. Sie zeigt weder Krallen noch Buckel noch Schwingen. Sie bietet das schlichte Schauspiel der Blockhütten in den Indianerfilmen unserer Jugend.

Prinz Louis de Broglie** behauptet, Atommeiler seien verzögerte Bomben. Das Verzögern bezwingt die ungeheuren Kräfte und zähmt sie. Der Geigerzähler sucht das Gestein ab wie die Schweineschnauze den Trüffelgrund, und radioaktiver Dünger befruchtet einen von Gräbern entehrten Boden.

Es war mir also unumgänglich, die Zahlen der schwarzen Tafel vorzustellen, die gepanzerte, mehr denn je dreimal verschlossene Kammer der Wissenschaft etwas zu öffnen.

Der Mensch ist gefangen zwischen drei Wänden, und auf eine vierte Wand, eine unsichtbare, müht er sich ab, seine Liebe, seine Berechnungen und seine Träume zu schreiben.

Zweifellos habe ich, als ich mich mit Kreide auf dieser Wand erklärte, wo die Gefangenen hätten entfliehen wollen, die Ungeschicklichkeit der Kinder und der Verliebten bezeugt. Ich entschuldige mich dafür, und ich danke den Direktoren des Kernforschungszentrums, die mir die Zügel freiließen, die mir keinen Fehler vorhielten, ja in ihrer Gunst soweit gingen zu behaupten, ich hätte daran keine Schuld.

(*Les Lettres françaises,* 9. Februar 1956)

* In Saclay ist das Kernforschungszentrum Frankreichs, in Marcoule das Zentrum der Plutonium-Produktion.

** Prinz Louis de Broglie, geboren 1892, französischer Physiker.

Die tönende Zivilisation

Alles, was mit Genie zusammenhängt, gilt als gefährlich. Eine geniale Erfindung wie ein genialer Mensch. Von einem genialen Menschen pflegt man zu sagen, er sei gefährlich. Soll heißen, er habe schlechte Nachahmer. Aber das ist nicht die Schuld des genialen Menschen. Man kann das Genie nicht behindern unter dem Vorwand, es mache den Weg frei für Fehlentwicklungen. Alles, was heutzutage erfunden wird, gehört in einen genialen, zwangsläufig gefährlichen Bereich, doch man kann es nicht inkriminieren. Das wäre lächerlich. Der Rundfunk ist etwas sehr Schlechtes, wenn er in allen Häusern wie laues Wasser rinnt. Er ist etwas sehr Wichtiges, wenn er die Kultur zu Leuten bringt, die davon keine Ahnung haben. Das alles dürfte kinderleicht zu verstehen sein, doch die einen sagen, der Rundfunk sei unentbehrlich, und die anderen, er sei verhängnisvoll. Der Rundfunk ist weder unentbehrlich noch verhängnisvoll. Er ist eine geniale Erfindung und folglich eine gefährliche. Alles, was nützlich ist, kann als nutzlos betrachtet werden. Natürlich ist zum Beispiel die Poesie nutzlos. Aber schön ist sie nicht, weil sie nutzlos ist, sondern weil sie eine besondere Sprache ist, weil diese Sprache keine tote Sprache ist, sondern eine lebendige, die nur tot scheint. Eine Sprache, die sich nur langsam entfaltet. Normalerweise beurteilt man alles nach einem Maßstab, der nur *eine* Geschwindigkeit anzeigt. Dabei gibt es eine Vielzahl von Geschwindigkeiten und eine Vielzahl von Verzögerungen. Man urteilt immer *en bloc,* man sagt: »Der Rundfunk ist gut«, oder: »Der Rundfunk ist schlecht.« Es bräuchte Stunden, um sich zu erklären.

Sicherlich sind die Individuen von der Welt des Tons beeinflußt worden, aber zuweilen im schlechten Sinne, da der Rundfunk soweit verbreitet ist und soweit reicht, daß er einen Hang zum Gehorchen hat. Einen Hang, den Hörern zu gehorchen, während es eher erforderlich wäre, daß die Hörer ihm gehorchten. Mit anderen Worten: wenn es gelänge, mithilfe von Tonapparaten ein höheres Niveau zu erreichen, wäre das eine sehr gute Sache. Doch da man leider in diesem Bereich mit dem Unmittelbaren arbeiten muß, hat man den Hang, ich wiederhole es, bloß auf die Nachfrage zu reagieren.

Es wird schwierig sein, einen lebendigen Rundfunk zu schaffen, solange er vorgelesene Texte braucht. Das Vorlesen gibt dem Rundfunk eine Art öde Flachheit, auch wenn der Sprecher gut vorliest. Der Rundfunk ist in exemplarischer Weise ein Vehikel der Improvisation. Andererseits weiß ich, daß es nahezu unmöglich ist, ein Programm auf den bloßen Zufall zu gründen. Dies alles hat mich daran gehindert, ernsthaft an den Rundfunk zu denken.

Der Rundfunk ist ungeheuer intim. Sein ganzes Problem besteht darin, in die Stuben Eingang zu finden und sich in ihnen so durchzusetzen, daß die Personen, die ihm zuhören, von ihren Beschäftigungen ablassen und sich den unseren zuwenden. Der Abschaltknopf ist schnell gedreht. Wenn andererseits der Rundfunk nur die intimen Beschäftigungen, von denen ich spreche, im Hintergrund begleitet, dann verliert er jedes Interesse, dann ist er bloß ein Wasserhahn mehr im Haus.

Ich bedauere, daß man die Tonaufzeichnungen und den Kinematographen nicht zu pädagogischen Zwecken breiter in Schulen einsetzt. Es liegt auf der Hand, daß Stimmen mehr beeindrucken als ein gelesener Text und daß Bilder einen lebendigeren und direkteren Unterricht ermöglichen, beispielsweise auf dem Gebiet der Geschichte. Man sollte den Kindern Zeitlupenaufnahmen von Pflanzen, von Blumen vorführen, die Filme von Painlevé über die Geburt der Schmetterlinge und der Seepferdchen. Ich verstehe nicht, warum man nicht in allen Schulen 16-mm-Projektoren einführt, dazu Plattenspieler oder Tonbandgeräte (aber nicht zur Unterhaltung am Rande des Unterrichts).

Die Welt des Tons ist durch die noch unbekannte Welt des Ultraschalls bereichert worden, und unbekannt wird diese Welt vielleicht bleiben, denn wir sind begrenzt auf Wahrnehmungen, die unsere Sinne erreichen, die unser Gehirn registriert. Doch das hindert uns nicht daran, immer mehr zu verstehen, daß sich unsere kleine Welt im Mittelpunkt einer grenzenlosen Welt befindet, und daß es naiv wäre zu glauben, unser Fortschritt, so überraschend er sein mag, entwickle sich nicht in bestimmten und engen Grenzen.

Man hat mich kürzlich von heftigen Schmerzen befreit mit einem in Deutschland erfundenen und in Frankreich gebauten Ultraschallgerät. Die Wissenschaft kündigt uns für die nahe Zukunft Ultraschallwaffen an, denen gegenüber die Wasserstoffbombe fast harmlos sein werde. Hoffen wir, daß all diese mysteriösen Waffen so unheilvoll werden, daß der Friede (ein Synonym für Krieg) nicht länger mehr bloß ein Symbol sein wird und die Menschen sich gegen den Krieg bewaffnen.

Dennoch wird diese Ausweitung des hörbaren Universums, der wohl auch irgendwie eine Ausweitung des sichtbaren Universums folgen wird, uns nur den abwegigen Gebrauch verbotener, in unserer Wertskala nicht erfaßbarer Reichtümer bringen. Wir werden erfahren, daß die Fische schreien, daß die Meere von Lärm erfüllt sind, wir werden wissen, daß die

Leere bevölkert ist von realistischen Geistern, in deren Augen wir ebenfalls Geister sind, wir werden vielleicht imstande sein, die in der Materie aufgezeichnete Vergangenheit auszugraben, zu lernen, daß Vergangenheit und Zukunft nur täuschende Perspektiv-Phänomene sind – und dennoch werden wir jede Minute zu leben haben und nach unserem Tode in jene unerfindliche Welt zurückkehren, in der wir vor unserer Geburt waren. Ich will damit sagen, daß es dem Menschen irgendwie unheimlich sein wird, sich von unsichtbaren und unhörbaren Kräften umgeben zu wissen, die er nur an den Wirkungen bemerkt, wenn er sich ihrer zur Heilung oder zur Zerstörung bedient. Die Neugier treibt mich – ich gebe es zu – mehr zu diesen Problemen als zu denen der Perfektionierung des sicht- und hörbaren Universums. Das kommt wohl daher, daß ich mich sehr lange damit beschäftigt habe, die alten Methoden für meinen Gebrauch zurechtzubiegen, und daß ich mich immer ein wenig ungeschickt finde, wenn ich gezwungen bin, auf neue und scheinbar überlegene Methoden zurückzugreifen.

Es ist ein großer Irrtum zu glauben, das Neue sei dem Alten überlegen. Eine komische Vorstellung. Mit ihr wird unsere Zeit eines Tages so lächerlich sein wie heute die Zeit um 1900, die uns belustigt, während die wichtigen und schwierigen Dinge aller Zeiten nicht vorankommen. Picasso geht weder über Greco noch über Rembrandt noch über van Gogh hinaus: er bereichert den Schatz. Der Glaube an die Geschwindigkeit beherrscht unsere Zeit. Jeder will den anderen auf der Straße überholen, und von einem Künstler sagt man, er sei überholt. Am Ende finden sich alle entweder vor einer roten Ampel wieder oder im Krankenhaus.

In dem Bereich, auf den es mir ankommt, geht man zu Fuß, wird man immer zu Fuß gehen. Wenn die von sich selbst berauschte Geschwindigkeit unseren Weg kreuzt, uns mit Schlamm bespritzt und blendet, dann kommt es darauf an, nicht an unseren Füßen zu zweifeln und kein Haltzeichen zu geben, denn sonst würden wir mitgenommen, »engagiert«, um das Modewort zu gebrauchen, und säßen in einem Fahrzeug, das nicht das unsere ist.

Eines Tages wird der Mensch darüber entsetzt sein, daß seine Zellen ebenso weit voneinander entfernt sind wie die Sterne, daß er ein unendliches Universum ist, eine Art Wolke oder, besser gesagt, ein Fischernetz, allseits durchdrungen von jenen lärmenden und bebilderten Wellen, die wir weder hören noch sehen können.

(*La Revue du son,* Oktober 1953; *Arts et Techniques sonores,* Oktober 1953)

Gute Gründe für das 16-mm-Format

Frankreich ist ein Land des Dialogs. Durch seinen Ungehorsam gegenüber den Regeln, durch seine Tradition der Anarchie, durch seinen nahezu krankhaften Individualismus widersetzt es sich dem Monolog. Ständig diskutiert man, disputiert man, streitet man sich. Dieses Schauspiel erstaunt das Ausland und macht ihm Frankreich zu einem Rätsel. Würde Frankreich aufhören, Dialoge zu führen, was sage ich, würde es aufhören, sich unaufhörlich zu widersprechen und aufzuregen, würde es sich dem Monolog beugen, der Hitler-Deutschland getötet hat und jedes Volk tötet, das sich ihm unterwirft – es würde sterben und in eine Plattheit verfallen, die dank seiner inneren Struktur nicht erdrükkend werden könnte.

Es ist seine offensichtliche Unordnung, aus der es seine Funken schlägt. Soll ich hinzufügen: es ist ein Glück, daß diejenigen, die es regieren, sich dessen nicht gewahr werden und zu dieser so reichen Unordnung beitragen, ohne sie zu begreifen? Würden sie sie begreifen, so würden sie wohl versuchen, bewußt zu tun, was sie bisher unbewußt taten, und die Maschine würde höchst anfällig werden und nicht mehr funktionieren.

Es liegt mir fern, diese Methode anderen zu empfehlen. Ich stelle nur fest, daß sie bei uns funktioniert, seit Jahrhunderten. Vielleicht würde sie bei anderen ganz schlecht funktionieren – doch unser Hahn kann nur auf einem Misthaufen krähen. Wenn man den Hühnerhof säubert, wenn man dem Hahn diesen Sockel aus Gold und Dünger nimmt, stirbt er.

Ich bin der Ansicht, daß die Möglichkeit des Dialogs für ein Volk außerordentlich wichtig ist. Die größte Gefahr, die dem Kinematographen droht, nicht nur in Frankreich, sondern überall auf der Welt, ist der Preis, den er kostet, und die die Angst vor dem Risiko, zu der uns der Kapitaleinsatz der Produzenten zwingt.

Das bringt den Kinematographen um jene Kontraste, um jene Experimentierfreudigkeit, um jene Kühnheit und jene herrlichen Mißerfolge, die es der Kunst erlauben, über die Trägheit zu triumphieren und mit den Gewohnheiten zu brechen, die stets verhängnisvoll sind.

Im heutigen Frankreich, wo das Einspielergebnis aus dem Verleih minimal ist, muß ein Produzent, um vierzehn Millionen zu behalten (auf die er riesige Steuern zahlt), zu Beginn einhundert Millionen investieren. Und der Film kostet ihn sechzig.

Daß er sein Metier nicht aufgibt, liegt nur daran, daß er aus dem Mechanismus seines Geschäfts nicht herauskann und sich wider alle

Vernunft darauf versteift. So wird er allmählich zu einem Mäzen – zu einem sehr schlechtgelaunten Mäzen, was verständlich ist, da er ja nie einer werden wollte.

Es scheint mir, ich wiederhole es, daß unserem Kinematographen dieselbe Gefahr wie dem amerikanischen droht. In Amerika muß die Gefahr noch schlimmer sein, da die enormen Verleihkosten eines Films und die Werbung, die er beansprucht, die Filmgesellschaften dazu veranlaßt, so wenig wie möglich von einem Weg abzuweichen, den sie für richtig halten. Das schließt den Elan aus, also die Jugend, denn wer würde es wagen, solche Kapitalien für eine Kühnheit aufs Spiel zu setzen, die ihre Prüfung noch nicht bestanden hat? Jedoch: die Kunst, wir alle wissen das, hat immer nur von den kleinen Formaten gelebt, die sich anfangs schlecht verkaufen, von kleinen Zeitungen, die per Hand verteilt werden, von Zeitschriften mit einer winzigen Auflage. Dort findet man später die Namen, die die Welt respektiert und bewundert. Dort sprießt das Korn hervor, das irgendwohin fällt und Keime treibt. Aus dieser im Dunkeln entstandenen Kammermusik bezieht die Welt ihre großen Rhapsodien.

Ich frage Sie: wem verdankt Frankreich sein Prestige? Gewiß nicht seinen Politikern. Sondern Villon, Rimbaud, Lautréamont, Verlaine, Nerval, Baudelaire. Frankreich hat sie verachtet, verfolgt, ließ sie verhungern, sich umbringen oder im Krankenhaus sterben.

Wir müssen dieses geheimnisvolle Erbe hüten. Und es hieße, die Bedeutung des Kinematographen verkennen und nicht begreifen, daß er eine Kunst *auf dem Wege zur vollendeten Kunst* ist, wenn wir ihn als eine Luxusfabrik behandelten und nicht versuchten, seine lebenspendende Waffe in jede Hand zu legen.

Eine Kunst, an der die Jugend nicht freizügig teilhaben kann, ist von vornherein zum Scheitern verurteilt. Es kommt darauf an, daß die Kamera ein allgemein zugängliches, stilbildendes Werkzeug wird und daß jedermann seine Seele in einen visuellen Stil umsetzen kann. Es kommt darauf an, daß jedermann lernt, ein Drehbuch zu schreiben, einen Film zu drehen, zu schneiden, zu vertonen, sich nicht auf einen Bereich in diesem so schweren Metier zu spezialisieren, kurz: nicht eine von vielen Zellen in einer von vielen Abteilungen der Fabrik zu sein, sondern ein freier Körper, der ins Wasser springt und aus eigener Kraft schwimmen lernt.

Ich kann mir nicht vorstellen, daß heutzutage ein junger Mann die Chance erhält, die man mir vor achtzehn Jahren gegeben hat, als man mich *Le sang d'un poète* drehen ließ, ohne jede technische Unterstützung und ohne daß ich jemals zuvor ein Studio betreten hätte.

Das war der Luxus, den sich ein Mann leistete, der begierig darauf war, mit den Regeln zu brechen: der Vicomte de Noailles. Freilich: anders als man uns heute erzählt, hat sich der Kurs geändert – zwölf Millionen würden heute nicht mehr so schnell aus einer Tasche kommen wie damals die eine Million.

Aber davon abgesehen, wer würde 1948 auch nur die Summe von einer Million ausgeben, damit ein junger Filmer machen kann, was er will, ohne jeden materiellen, geistigen oder moralischen Zwang?

Ich hatte also eine gute Chance, und dieselbe Chance fordere ich für die, die heute mein Alter und meine Kühnheit von damals haben.

Meiner Ansicht nach ist das 16-mm-Format die einzige Möglichkeit, das Problem zu lösen, und ich meine, daß Amerika hier die Initiative ergreifen muß. Es besitzt eine Kraft, die es zum kleinen Markt am Rande befähigt: die der Intensität. Im übrigen könnte dieser kleine Markt rasch sehr groß werden und diejenigen, die sich mit ihm befassen, überraschen.

Die amerikanischen 16-mm-Kameras sind Wunderwerke. Wahrscheinlich wird es nicht lange dauern, bis man mit ihnen auch Tonfilme machen kann. Es wäre übrigens wünschenswert, daß dieser Fortschritt so spät wie möglich kommt, denn der Ton hat eine Tendenz, träge an den Bildern zu kleben, und der Gebrauch des Tons als Gag, als erfundener, dem Bild überlagerter Ton, würde die Phantasie der jungen Neuerer reizen.

Was mich betrifft, so treibt der 16-mm-Film, den ich gerade in meinem Garten gedreht habe, die Dinge aufs äußerste. Aller materiellen Sorgen enthoben (denn ich drehte auf Umkehrfilm von Kodak, und was sonst fünf Millionen kostet, kam mich nur fünftausend Francs zu stehen) habe ich einen Film gemacht, der überhaupt kein Film ist. Ich habe kräftig drauflos erfunden, habe im Handumdrehen improvisiert und habe als Künstler die Leute genommen, die am Sonntag bei mir auf dem Lande vorbeikamen. Das ergab eine Reihe von ziemlich lächerlichen und nicht verwendbaren Szenen, denen aber die völlige Freiheit, zu sagen, was einem gerade durch den Kopf geht, eine Lebendigkeit verleiht, die unmöglich zu erreichen ist, sobald die Angst ins Spiel kommt, eine Firma zu ruinieren.

Picasso ist wohl der einzige Mensch auf der Welt, der aus nichts etwas Großartiges machen kann: aus einem Eisendraht, aus dem Gerippe eines toten Tieres, aus einem Fahrradsattel. Kaum nimmt er es in die Hände, gewinnt dieses Zeug einen anderen Sinn, erstrahlt in einer anderen Welt, die ihm eigen ist – er ernennt es zum Fürsten in seinem Königreich. Das

16-mm-Format erlaubt uns, solche Wunder zu wagen. Eine Nahaufnahme, ein unerwarteter Blickwinkel, eine falsche Bewegung, eine Beschleunigung, eine Verzögerung, ein Gegenschuß, und schon beginnen die Dinge und Formen uns zu folgen, uns zu gehorchen wie die Tiere dem Orpheus.

Da wir unseren ersten Schnitt mit der Ouvertüre des *Coriolan* unterlegt hatten, nannte ich den Film *Coriolan,* und ich habe vor, ihn später zu vertonen und ihm einen erklärenden Text beizugeben, der mit dem Geschehen ebenso wenig zu tun hat wie der Titel. Möglich, daß dieser »Jux« nie das Licht der Welt erblickt. Möglich auch, daß er mir zwischen den Händen hindurchschlüpft und daß sich später zahlreiche Geister darin gefallen werden, eine Unmenge von Bedeutungen darin zu finden, die er nicht hat oder die er ohne mein Wissen hat.

Die Deutungen zu *Le sang d'un poète* sind zahllos. Ist das meine Schuld? Ich bin ein Tischler. Ich mache einen Tisch. Ich bin kein Spiritist. Wenn andere diesen Tisch dazu bringen, sich zu drehen, und wenn sie ihm Antworten entlocken (Antworten, die aus ihnen selbst kommen müssen), so spielen sie ihre Rolle als Publikum, und ich lege mich nicht fest. Ich wünsche mir also von ganzem Herzen, daß Hollywood seinen großen Filmunternehmen eine kleine Filiale beifügt, die sich durch keine Versicherung gegen die Routine schützt und den Zufall herbeilockt. Denn es ist *ein Unfall auf der ganzen Linie,* ein schrecklicher Schock, der die Werke zur Welt bringt, in welche die Menschheit dereinst ihren Stolz setzt.«

Januar 1948 – PS: Natürlich wäre es der kommerzielle Bereich, in dem die 16-mm-Filme über spezielle Verleihe und Kinos ausgewertet würden (Postscriptum nach einer Bitte um Präzisierung von seiten der *New York Times*).

[illegible] Wunder [illegible]
[illegible]
[illegible]
[illegible] Propheten.

[illegible]
[illegible] Wesen hat.

[illegible]

[illegible] 1918 [illegible]
[illegible] Papier)

II. Poesie des Kinos

Le sang d'un poète (Das Blut eines Dichters)

Die Kunst, im Film oder anderswo, präsentiert sich unter zwei Aspekten. Zum einen gibt es die aktive Kunst, eine Art von hehrem Journalismus, dessen Zweck es ist, der sozialen Ordnung dienlich zu sein; zum anderen gibt es eine okkulte, verborgene Kunst, eine Art von Sprengstoff mit Verzögerungseffekt, die auf den ersten Blick ein skandalöser Luxus zu sein scheint, aber auf die Dauer die unvergänglichsten Gestalten der Nation erzeugt. Ungewöhnlich ist, daß jene sehr geheime und von einem Publikum außerhalb des Schattens (will sagen: außerhalb der Bücher kleiner Editionen oder der Schauspiele eines Abends) gewöhnlich sehr schlecht aufgenommene Form der Kunst, nämlich der Kinematograph, die Waffe der Dichter par excellence, sich dem Gebrauch, zu dem sie aufgrund ihrer Wesensart bestimmt sein müßte, entzieht – da er zum Ruin, zur Unverkäuflichkeit führen würde, da der Kinematograph zwangsläufig einen raschen und großen finanziellen Rückfluß braucht. Keine Freiheit in diesem Bereich der totalen Freiheit! Und wenn große Dichter wie Chaplin oder Keaton sich diese Freiheit zu eigen machen, wird ihre einzige Entschuldigung sein, daß sie uns zum Lachen anregen. Würden sie dieselbe Energie in ein Drama investieren, würden ihre Gags, statt sich der Burleske einzuordnen, einer Tragödie dienen – das Lachen des Publikums würde auf der Stelle einfrieren, und das Lynchen würde den Beifall ersetzen.

Weiter und weiter entfernt sich der Kinematograph vom Automobil und sucht sich mit dem Theater zu vermischen – mit einem nachgemachten und trübseligen Theater, das keinerlei Nutzen mehr daraus zieht, daß seine Bilder überall verständlich sind.

Szenen wie die mit der Kuh oder dem Dirigenten in Buñuels *L'Age d'or* können als außerordentliches Ereignis gelten: das Auftauchen des tragischen Gags. Ich zweifle nicht, daß ihnen ein hämisches Gelächter entgegenschlagen wird – sie existieren deswegen nicht weniger, und nichts wird den schwarzen Fluß aufhalten, dessen Quelle sie sind.

Hier liegt die wahre Rolle des Mäzens: Der Mäzen soll nicht die guten Geschäfte unterstützen, sondern die schlechten, manche schlechten Geschäfte, deren beste die langfristigen Erfolge sind, die geheimnisvollen

Gewinne, auf welche die kleinen, mageren Börsen nicht warten können und welche die Apanagen der wahrhaft Reichen sind, der Reichen an Herz und Geld.

Dieses Schauspiel bieten uns der Vicomte und die Vicomtesse de Noailles. Ein großer Name und ein großes Vermögen, die nicht danach streben, sich ins Scheinwerferlicht der Mode zu stellen, die sich hinter den Scheinwerfern aufhalten, in jenem Schatten, in dem die Künstler arbeiten, die sie lieben, für die sie sich einsetzen, an die sie glauben und die nirgendwo anders die Möglichkeit hätten, sich frei zu artikulieren.

Deshalb habe ich auch, nach zahlreichen Absagen, ihr Angebot angenommen. Trotz der Liebenswürdigkeit der großen Firmen verpflichtet uns eine elementare Höflichkeit dazu, sie nicht »in Abenteuer zu stürzen«, sondern vorsichtig für sie zu arbeiten. Hier jedoch: keinerlei Vorsicht. Der »Auftraggeber« schließt die Augen, stopft sich die Ohren zu und wahrt genügend Feingefühl, um die Arbeit im Studio nicht zu stören. Die Überraschung, welche auch immer, wird gelingen, selbst wenn sie die Mißbilligung eines mondänen Milieus findet, in dessen Mitte unsere Mäzene – verspottet, lächerlich gemacht, üblen Frechheiten ausgeliefert – mit großer Gelassenheit eine in den Salons unbekannte Rolle einführen, die sie nur adeln kann.

Le sang d'un poète, ein Film in dem Sinne, wie ihn Chaplin versteht, ist eine realistische Dokumentation irrealer Ereignisse. Der Stil ist wichtiger als die Anekdote, und der Stil der Bilder ermöglicht es jedem, auf seine Rechnung zu kommen, seine eigenen Symbole zu erfinden – denn zu Recht sagte Freud im Vorwort zum *Spieler,* daß ein Künstler keineswegs an bestimmte Dinge gedacht haben muß, damit sie anschließend zum Hauptgegenstand seines Werkes werden.

(*Le Figaro,* 9. November 1930)

La belle et la bête
(Es war einmal/Die Schöne und das Untier)

Ich glaube nicht, daß es einen unterhaltsameren und abwechslungsreicheren Beruf als den des Regisseurs gibt. Was ist ein Regisseur? Nach der Arbeit, die sich über einige Monate hinzog, stelle ich fest: es ist ein Team. Unsere Rolle ist es, das Team zusammenzustellen, es zu lieben, zu interessieren, jenes Feuer in Gang zu halten, ohne das alle Aufnahmen nichts als Asche wären.

Manchmal, mitten drin in dieser großen Maschine der Lichter, des Lärms, des Durcheinander, frage ich mich, ob ich es bin, der die Arbeit beherrscht, oder ob die Arbeit mich beherrscht, indem sie ihr befremdliches Tempo wie auf einem steiler und steiler werdenden Abhang beschleunigt.

Clément, meine rechte Hand; Théria, meine linke Hand; Alekan, der Chefkameramann; Tiquet, sein Assistent; Lucile, mein Scriptgirl; Bérard, der die Möbel und die Stoffe verwandelt; Aldo, der Photograph – sie alle geben mir das Gefühl, von meinen Nerven, von meinen Wellen bewegt zu werden. Ich spreche nicht von den Künstlern, von Josette Day und Jean Marais vor allem, die ich so wenig wie möglich anzuleiten mich bemühe, so daß die Atmosphäre, in die sie tauchen, sie inspiriert und sie nicht von ihrem Wege abkommen läßt.

Doch welchen Kampf das bedeutet! Kampf gegen die Elektrizität, gegen die zischenden Kohlebögen, gegen die hinterhältige Krankheit der Ermüdung, gegen die zerfließende Schminke, gegen das Tonband, das die Geräusche des Hintergrunds mit aufnimmt, gegen den Kameramann, der ein Licht verändern möchte, gegen das schlechte Material, das keine Kontraste hergibt, gegen das Kopierwerk, das sich in der Lichtbestimmung irrt – ein Kampf in jedem Augenblick, ein Kampf, der erschöpft, denn während einer Aufnahme hört das Herz zwischen den Worten »Aufnahme« und »Stop« zu schlagen auf.

Ein Film gehört weder der Vergangenheit noch der Gegenwart noch der Zukunft an. Er beschränkt sich auf eine Zeit, die ihm eigen ist und die sich nicht zergliedert.

Was die Dialoge betrifft, so finde ich, daß sie keine zu große Rolle spielen sollen und daß Handlungen sie vorteilhaft ersetzen.

Auch ist es nicht nötig, daß diese Ökonomie einem inneren Rhythmus der Geschichte folgt. Bei *Les dames du Bois de Boulogne* war ich lediglich ein freundschaftlicher Diener Robert Bressons; er wollte einen trockenen Dialog, nahe dem Stil Diderots. Da sein Film aber ein moderner Film war, mußte ich diesen Stil übertragen und konnte leider nur wenig von den Sätzen Diderots beibehalten. Die einzige genau übernommene Replik stammt nicht von Diderot, sondern von Pierre Reverdy.* Sie findet sich in einem noch nicht aufgeführten Stück. »Es gibt keine Liebe. Es gibt nur Beweise der Liebe.« Dieses Zitat funktioniert in *Les dames du Bois de Boulogne* wie eine Hommage an diesen großen Dichter und Freund.

In *La belle et la bête* wird wenig gesprochen. Es ist ein Märchen. Dabei

* Pierre Reverdy, französischer Dichter (1889 bis 1960), Vorläufer des Surrealismus.

kommt es darauf an, daß die Figuren mehr vom Autor erzählt werden, als daß sie sich selbst erzählen. Das Schweigen, die Musik, der Wind, die schleppenden Kleider begleiten das herrliche Abenteuer, das Madame Leprince de Beaumont den Abenteuern Perraults in dem Buch der *Bibliothèque rose** hinzufügt.

Nie würdigt Frankreich genügend die außerordentliche Hilfe, die uns die Techniker und die Elektriker des Kinos leisten. Dieses fröhliche, ernsthafte, wertvolle, rasche, leichthändige Handanlegen ersetzt bei uns den mechanischen Ton Hollywoods. Man muß das begreifen und beispielsweise die echten Tonmeister nicht länger als einfache Arbeiter behandeln.

Sehr viele Veränderungen sind notwendig.

Begnügen wir uns damit, es den Kindern nachzutun, die das Geheimnis kennen, wie man aus einem beliebigen Spielzeug das schönste Spielzeug der Welt macht.

(*Carrefour,* 19. Oktober 1945)

Die zahllosen Kritiken, die über meinen Film *La belle et la bête* geschrieben worden sind, haben mich keineswegs entsetzt. Ich hatte sie erwartet. Darin habe ich lange Erfahrung. Die meisten kommen aus einem Mangel an Distanz, aus der Schnelligkeit, mit welcher der Kinematograph die Augen und Ohren daran gewöhnt, achtlos zu sehen und zu hören, was eine gründliche Aufmerksamkeit erforderte, sowie aus einem völligen Vergessen des Stils der französischen Legenden. Einer der ungeniertesten Artikel wirft mir die dreifache Rolle von Jean Marais vor. Ich muß also darüber sprechen.

Diese dreifache Rolle zeigt, wie naiv die Welt der Feen ist, und warum diese Welt nicht weiter in unsere Personen eindringt. Die Feen (die am Rand meines Films auftreten) bemerken, daß die Schöne in Avenant verliebt ist, in einen jungen, ihrer unwürdigen Mann. Sie glauben, daß die Schöne das Untier lieben wird, wenn es wie Avenant aussieht. Sie glauben, Avenant, der das Untier töten will, zu bestrafen, indem sie ihm die Häßlichkeit der Bestie geben. Sie glauben, das Untier und die Schöne zu belohnen, indem sie dem einen die Schönheit von Avenant und zusätzlich den Adel des Untiers geben, und sie glauben, daß diese Mischung der Prinz aus den Träumen der anderen ist. Naive Feen!

* Bekannte Kinderbuch-Reihe.

Wie die jungen Mädchen des Jahres 1946, die meinen Film sahen und mir schrieben, so zieht auch die Schöne das Untier dem Prinzen vor. »Sie sind glücklich?« fragt er sie. Und sie antwortet: »Ich muß mich daran gewöhnen.«

Aber diese Heirat ist möglich, weil Avenant, das Untier und der Prinz *eine* Figur sind. Andernfalls würde die Schöne angesichts des unbekannten Schönen die Flucht ergreifen. Ein großes Geheimnis verbindet die drei Menschen, die sich ihr nähern. Ohne es wäre der Film nur eine Vorspiegelung.

Man spricht über die Langsamkeit meines Films. Nun denn, wenn der Kinematograph die Langsamkeit nicht zuläßt, ist er keine Kunst. Und er ist eine. Meine Langsamkeit ist keine, sie ist ein Rhythmus. Während ich drehte, summte ich mir ständig das Menuett von Lulli aus dem *Bürger als Edelmann* vor. Sein Pomp, seine Synkopen, seine feierliche Einzigartigkeit vermitteln mir eine Art von panischem Schrecken und führen mich so aus der Zeit, wie mich ein Dokumentarfilm über südafrikanische Tänze aus dem Raum führt.

Die Kritiker sollten das Kino nicht nur als Zerstreuung betrachten; sie müssen zu einem Film zurückkehren können, um ihn zu studieren, und sei es nur, um in meinem Fall die großartige Musik von Georges Auric zu entdecken, die den Film begleitet, oder um die wunderbare Anmut zu empfinden, mit der Josette Day sich bewegt, oder die zurückhaltende Größe, mit der Jean Marais das tierische Leiden dieser Krüppelfigur artikuliert. All das, einschließlich des molièresken Stils der Schwestern, des Gleichgewichts unter den Mitgliedern dieser Familie, des nie gekannten Reliefs der Bilder Alekans und einiger anderer Sachen, all das bleibt unverständlich für diejenigen, die die Entlastungszeugen in dem Prozeß sein sollten, den man uns seit Jahrhunderten macht.

Woher kommt es, daß das wahre Publikum, daß die schlichtesten Seelen alle diese Geheimnisse wie ein offenes Buch lesen und sie uns beredt erzählen, in unzähligen Briefen, die die Kritiker glücklich machen würden?

Ich wende mich an diese Menge, ihr erweise ich meine Dankbarkeit.

Der Beruf des Schauspielers ist schrecklich: er besteht darin, die Arbeit zugunsten einer scheinbaren Leichtigkeit vergessen zu machen. Je größer ein Schauspieler ist, je mehr seine Arbeit in den Hintergrund tritt, je mehr er den Eindruck erweckt, seine Rolle zu leben und zu bewältigen, desto weniger wird sich das Publikum seiner großen Anstrengung bewußt. Der Saal ist eine Welt, die Bühne ist eine andere. Die beiden Welten sind durch die Rampe getrennt, die flammend ist und geheimnisvoll wie das Schwert des Erzengels. Nach dem Schauspiel trennt der rote Vorhang die Wogen des Publikums endgültig von der Bühne, und das Publikum geht weg, ohne einen Blick auf den Schiffbruch der Kulissen zu werfen, auf das prächtige Strandgut, an das sich die Techniker klammern, auf das Segelwerk, das durcheinandergerät, auf die Perspektiven, die sich verschieben, auf die schwankenden Schatten.

Denn die Kulissen eines Theaters sind ebenso wie die Podeste eines Studios keineswegs der Ort des Vergnügens, den man sich vorstellt. Sie sind eine kleine Fabrik, in der Gefühle sich aufstauen, jeden Abend andere. Welche Disziplin! Jeden Abend vermitteln unsere bewunderswerten Medien dem Saal oder der Leinwand ihre Hypnose und verkörpern Figuren aus dem Schatten, aus Tinte und aus Papier.

Als ich *La belle et la bête* schrieb, habe ich versucht, den Film zu machen, den ich mir als Kind vorstellte, als ich noch nicht ins Kino oder ins Theater ging, aber erlebte, wie meine Eltern abends geheimnisvoll ausgingen und mir dann Programmhefte in mein Zimmer legten.

Bei *La belle et la bête* wie bei den *Parents terribles* war mein einziger Ratschlag an Jean Marais, nachdem er seine Rolle gelesen hatte, so zu spielen wie jene Schauspieler, die er nicht mehr kennengelernt hatte und deren Reiz er sich vorzustellen versuchte. Ohne Zweifel war es diese Methode, die ihn ungestüm spielen ließ, exzessiv, an der Grenze seiner Kräfte, und die ihn durch einen heftigen Bruch mit dem »modernen« Stil überraschen ließ. Der Triumph, den er in meinem Stück davongetragen hat und den er in meinen Filmen davonträgt, kommt gewiß von einer besonderen Begabung, aber er fügt diesen Gaben des Himmels den Willen hinzu, die Gewohnheiten von gestern zu überkommen und die Tapsigkeit eines dicken Hundes ebenso wie das Ungestüm einer Wildkatze einzusetzen.

Viele glaubten, daß seine Rollen ihm dienten und ihm erlaubten, seine Karriere fortzusetzen. Das ist unrichtig. Nichts ist für einen Komödianten schwieriger, als Figuren zu interpretieren, die ihm ähnlich sind. »Wenn ich eine Mutter spiele«, sagte mir Réjane, »muß ich vergessen, daß ich eine Mutter bin, und daß ich meinen Sohn und meine Tochter liebe.«

(*Pour Tous,* 23. Juli 1946)

Paul Eluard sagte einmal, man müsse, um meinen Film zu verstehen, seinen Hund mehr lieben als seinen Wagen. Danach bleibt eigentlich nichts mehr zu sagen. Aber da dieser Film Probleme aufwirft und ich von so vielen Irrtümern gelesen habe, die ihm angekreidet worden sind, habe ich beschlossen, mich doch noch ein wenig darüber auszulassen. Die französische Literatur ist sehr krank. Sie verdaut nur schwer die schlecht übersetzte amerikanische Literatur, die sie verschlingt, und die Amerikaner wären sehr erstaunt, würden sie von der hohen Wertschätzung jener Werke erfahren, die sie als minder bedeutend beurteilen und denen sie kein besonderes Gewicht beimessen. Aber seien wir nicht zu streng. Denn das umgekehrte Phänomen geschieht nicht minder häufig: daß das Ausland von uns Bücher bezieht und übernimmt, die wir keineswegs hoch einschätzen.

Außerdem befriedigt die schlechte Übersetzung dieser amerikanischen Bücher einen modischen Snobismus und schmeichelt einem Hang, die Texte sehr schnell und sehr unachtsam zu lesen und in ihnen lediglich nach pittoresken Ereignissen zu suchen. Man wird verstehen, daß dieses Pittoreske nicht in jedem Land dieselbe Rolle spielt, und daß etwas, das in dem einen Land als natürlich erscheint, im anderen als außergewöhnlich gilt. Diesem Blickwinkel schreibe ich den Erfolg beispielsweise der Western bei uns zu und den Erfolg von Pagnols *La femme du boulanger* in Amerika. Soll ich hinzufügen, daß in Frankreich, wo die Jugend keine Bücher mehr kauft (zu teuer oder zu rar), sich ein wahrer Abgrund zwischen gestern und heute auftut, und daß der Naturalismus, den die Goncourts und Antoine 1889 so sorgsam einführten und der vom Symbolismus, vom Kubismus, vom Dadaismus, schließlich vom Surrealismus besiegt wurde, auf den Trümmern der Sieger wieder zu blühen beginnt, und daß eine ganze Jugend, die das nicht ahnt, heute glaubt, eine endgültige (und zudem, weil sie nur eine kleine Anstrengung verlangt, verführerische) Kunstform zu erfinden?

Wir haben ein paar in diesem Sinne recht merkwürdige Wunderwerke entstehen sehen – und seien es nur die neuesten italienischen Filme, die in Italien verachtet werden und die uns durch einen lyrischen Naturalismus bezaubern: sie sind wahrer als die Wahrheit, und *Paisà,* der Film von Rossellini, ist unter ihnen das beste Beispiel.

Wegen *Paisà* war es für meinen Teil und wegen *Le sang d'un poète* für Rossellini, daß wir beide beschlossen, zusammenzuarbeiten und mit Frau Magnani jene *Voix humaine (Die menschliche Stimme)* zu machen, für die sie die einzige und bewundernswerte Interpretin ist.

Der französische Film steckt in einer sehr sonderbaren Krise. Im Geist und sogar in der Poesie sahen die Produzenten früher ein Mittel, durch unsere Arbeit ihr Glück zu machen. Unser immer kleiner werdendes Verleihnetz, die steigenden Kosten und der gleichgebliebene Eintrittspreis machten aus den Geschäftsleuten des Films nach und nach Mäzene – schlechtgelaunte Mäzene, wie man sich denken kann.

Zur Zeit ist ein Film, der über einen mittelmäßigen Stil hinausgeht, in Frankreich nicht mehr rentabel. Von einigen großen Unternehmen abgesehen, bei denen das Prestige ins Spiel kommt, wird die Produktion stocken, und die Studios werden leerstehen.

Außerdem ist es für den Dichter bei der filmischen Arbeit eine große Schwierigkeit, daß sich der Kinematograph sofort bezahlt machen muß.

Ein Buch kann warten. Ein Stück kann mißlingen. Ein Film muß gefallen, und es kommt darauf an, mehrere miteinander verbundene Kräfte ins Werk zu setzen, die es uns ermöglichen, gleichzeitig zu gefallen und zu mißfallen. Es ist ohne Beispiel, daß das Neue nicht die Ästheten verwirrt, die Kritiker und die Menge, die an bestimmte Regeln gewöhnt sind und die der geringste Verstoß gegen diese Regeln sofort auf brutalste und unangenehmste Weise aufreizt.

Die einzige Chance eines Films besteht darin, daß die Menge, die weniger taub und weniger blind ist als unsere Richter – ich meine damit, sie ist kindlicher –, dem Veto des Tribunals der Literaten nicht folgt, daß sie, wie es bei *La belle et la bête* war, naiv und liebevoll sieht, was Scheuklappen für die *Intelligentsia* einer Hauptstadt unsichtbar machen.

Kurz, als ich mich entschloß, einen Film zu machen, der ein Märchen sein sollte, und als ich unter den Märchen das am wenigsten märchenhafte aussuchte (also das, dem die Errungenschaften der modernen Filmtechnik am wenigsten nützen würden), mußte ich selbstverständlich gegen den Strich kämmen, gegen den Strom schwimmen, mich einmal mehr gegen die Mode stellen.

Dem Realismus wollte ich die schematische und ein wenig grobe Vision der Personen von Molière entgegensetzen (zu Beginn des Films); dem Märchen, wie die Menschen es empfinden, wollte ich umgekehrt eine Art von Realismus entgegensetzen, der aus dem Unbestimmten kommen sollte, aus dem Nebel, aus Doppelbelichtungen und anderen unüblichen Methoden.

Leitfaden des Werks sollte die Beständigkeit des Typs sein, dem die Frauen hinterherlaufen, ohne es zu wissen, wobei sie an die Macht der Liebe und an die Naivität der Feen (oder derjenigen, die sie erfinden) glauben und sich vorstellen, daß dieser Typ sich bis zur konventionellen Schönheit entwickelt. Meine Absicht war es, das Untier so menschlich, so sympathisch, den Menschen so überlegen zu machen, daß seine Verwandlung in einen Märchenprinzen für die Schöne zur herben Enttäuschung wird und sie gewissermaßen zu einer Vernunftehe veranlaßt und zu einer Zukunft, wie sie der letzte Satz des Märchens beschreibt: »... und sie hatten viele Kinder.«

Ich wollte also gleichzeitig das Publikum und die Schöne enttäuschen, und ich brachte meinen Kameramann Alekan insgeheim dazu, daß er Jean Marais als Prinzen in einem matten Stil photographierte, damit der Kunstgriff gelingen konnte. Und er gelang.

Zahllos sind die Briefe von Frauen und jungen Mädchen, von kleinen Mädchen, von Kindern, die mir oder meinem Darsteller schreiben, um sich heute – 1947 – über diese Verwandlung zu beklagen und das arme Untier zu bedauern. Ein Untier, das sie in jener Zeit, da Madame Leprince de Beaumont die Erzählung schrieb, noch entsetzt hätte.

Als Madame Leprince de Beaumont *La belle et la bête* veröffentlichte, war sie eine arme Lehrerin in England, und ich vermute, daß die Geschichte schottischen Ursprungs ist.

Die Angelsachsen gehen mit dem Fremdartigen, mit dem Entsetzen besser als andere um, und in England erzählt man sich häufig, die Lords, die Ältesten einer großen Familie, die Erben des Adelstitels seien Ungeheuer gewesen, Schreckgestalten, die man in einer verborgenen Kammer des Schlosses versteckt habe.

Ich setze in dieser Angelegenheit eine große Hoffnung auf den amerikanischen Scharfblick. Aus drei Gründen:

1. Amerika ist das Land Edgar Allan Poes, der geheimen Klubs, der Geheimlehren, der Phantome, und eine bewunderswerte musikalische Lyrik geht durch die Straßen.
2. Die Kindheit ist dort unbekümmerter, sie ist in den Seelen der Menschen geborgener als bei uns, wo man sich darin übt, sie zu verlieren und als eine Schwäche anzusehen.
3. Was aus Amerika die französische Literatur beeinflußt, ist in Amerika selbst bereits alt und vorbei, und der Amerikaner sucht nach anderen Dingen als denen, die uns erstaunen, ihn jedoch nicht mehr.

Das sind die großen Linien, die mich zu einer Erfahrung brachten, die ich nicht wiederholen werde, denn eine Erfahrung muß einmalig sein – ich vergleiche sie noch einmal mit dem Aussäen eines Korns, das auf einen guten oder auf einen schlechten Boden fällt, und das fliegt, wohin es will.

Weit mehr als nur eine Stimme sollten Sie hören: den ganzen Raum, den diese Stimme durchmißt, diesen dunklen Raum des menschlichen Organismus, der so außerordentlich kompliziert ist. Kurz: den Schlag des Herzens, den diese Stimme einfängt und zu Ihnen bringt, bis er sichtbar und hörbar wird, wie in meinem alten Film *Le sang d'un poète,* wo das Publikum hört, wie er im Saal lauter wird, und sieht, wie er in dem Maße anschwillt, in dem das Unglück des Helden fortschreitet.

Denn diese Stimme artikuliert meine große Trauer, nicht bei Ihnen in Prag zu sein, meine große Traurigkeit, anderswo zu sein als dort, wo sie zu Ihnen spricht, meine große Betrübnis, nicht die Hände von Nezval, von Hoffmeister und von Kopesky ergreifen und schütteln zu können und durch den Händedruck verständlich zu machen, wie sehr ich diese Begegnung gewünscht hätte und mit welchem Unwillen ich wegen meiner Arbeit darauf verzichtete. Die Arbeit! Das ist die einzige Entschuldigung, die ich für meine Abwesenheit zu geben wage. Diese Arbeit, die mich beherrscht, die mich nie losläßt, die mir befiehlt und die sich nicht wenig über meine Wünsche und Vergnügungen aufregt.

Ich habe wirklich versucht, ihr begreiflich zu machen, daß Prag ein Platz der Arbeit ist, daß ich dort die Fabriken besuchen werde, in denen es dem Kinematographen gelingt, unsere Träume in Konserven zu packen, und ich mochte ihr wohl auch sagen, dieser Arbeit, daß die Herrlichkeit Ihrer Stadt mir ein Aufruf zu neuen Taten sein würde – nichts rührt diese Herrin, deren Diener wir sind, die uns verachtet und nicht einmal anhört.

Ich weiß durchaus: *La belle et la bête* ist erneut meine Stimme, die Sie hören werden, und ich bin es, hinter der Leinwand, der das Märchen erzählt, und ich habe gewollt, daß die Personen nur in dem Maße handeln, wie sie zur Sprache gehören. Ich weiß durchaus: Sie werden verstehen, daß dieser Film sich dem sogenannten kinematographischen Stil widersetzt und lediglich versucht, koste es, was es wolle, und langsam, wie es die aufmerksame und besessene Kindheit verlangt, ganz einfache Handlungen darzustellen, deren Poesie mich nicht mehr beschäftigt als der Spiritismus den Tischler, wenn er einen Tisch anfertigt.

Ich weiß durchaus: Sie werden bemerken, daß ich mit Worten sparsam umgehe und daß, wenn der Film, den ich Ihnen vorstelle, seine eigenen Grenzen überschreitet, dies durch das Geheimnis der Verwandlung geschieht.

Denn was denken die naiven Feen oder diejenigen, die sie erfunden haben? Avenant ist schön, das Untier ist häßlich. Avenant ist ein schlechter Kerl, das Untier ein gutes Tier. Eine Mischung aus beiden wird die Schöne glücklich machen, also eine Vollkommenheit: der Märchenprinz. Eben das denken die Feen.

Doch sie irren, und ich bin sicher, daß Sie sehen werden, daß die Schöne in Avenant die Augen des Untiers entdeckt hat, und daß sie das Untier geliebt hat, und daß der Märchenprinz dieses Abenteuer zerstört, und daß sie in einer Familie leben und, wie es im Märchen heißt, viele Kinder haben wird.

Seit meiner Kindheit begeistere ich mich für das Märchen von der Schönen und dem Untier, das gute Nachbarschaft hielt zu den Feenmärchen Perraults im roten und gelben Einband der *Bibliothèque rose.*

Ich fand das Übernatürliche stets natürlich, ich finde es noch. Ich habe diese Bilder ohne Hintergedanken gedreht. Dem Untier schuldete ich das Weiterleben, um die Leiden eines Tieres ausmalen zu können, und dafür habe ich jene schöne Würdigung unseres Dichters Paul Eluard erfahren: »Um diesen Film zu verstehen«, sagte er, »muß man seinen Hund mehr lieben als seinen Wagen.« In den Kinos, in denen ein Film seinen Weg beginnt, ist dies nicht immer der Fall. Erst später trifft er die Seelen, die ihn aufnehmen. Deswegen bin ich untröstlich, nicht mit dem Film in Prag zu sein und ihn nicht mit neuen Augen zu sehen, im Dunkeln, an Ihrer Seite.

André Paulvé, Emile Darbon, meine Künstler, mein Team (dasselbe wie bei *La bataille du rail**), mein Dekorateur Christian Bérard und mein Komponist Georges Auric grüßen Sie.

Und jetzt schließen Sie die Augen der Intelligenz, die vorschnell urteilt, und öffnen Sie die Augen des Herzens, das nicht vorschnell urteilt. Lassen Sie sich gehen. Ich erzähle.

(Aufgenommen für die Vorführung von *La belle et la bète* in Prag)

Liebe belgische Freunde,

Es gibt eine Schöne und es gibt ein Untier. Die Schöne ist eine kleine, als Prinzessin verkleidete Bauernfrau. Das Untier ist ein in ein Tier verwandelter Märchenprinz. Es gibt eine Familie, die in einem Haus wohnt, in dem der Stil von Vermeer vorherrscht. Es gibt ein finsteres Schloß, in dem der Stil von Gustave Doré vorherrscht. Es gibt unsichtbare

* Gemeint ist der Film *La bataille du rail* (Die Schienenschlacht) von René Clément, Frankreich 1946.

Feen, die glauben, daß alles dank eines Schlags mit dem Zauberstab einfach wird, während nichts einfach ist, am wenigsten das Herz der jungen, einfachen Mädchen, die das Abenteuer mehr lieben als die Vernunftehe. Es gibt das Rätsel eines Blickes, der sich gleich bleibt und der seinen Sinn im Himmel finden wird. Es gibt das Wort von Paul Eluard, den man fragte, was er von dem Film halte, und der antwortete: »Um diesen Film zu verstehen, muß man seinen Hund mehr lieben als seinen Wagen.« Es gibt Menschen, die über Werke urteilen, und über Menschen. Es gibt den Autor, der erzählt, der sich entfernt, der zuschaut, der zuhört, und der sich nicht mehr ändern kann; er bleibt, was er ist. Es gibt Jean Cocteau, der das Wort an Sie richtet und der Sie grüßt.

(Zur Vorführung von *La belle et la bête* in Belgien am 3. Dezember 1946)

Lieber, verehrter Mei Lan Fang!

Ich habe die Kunst des Theaters und des Films immer als eine Religion angesehen. Und der Hohepriester dieser Religion, so denke ich, sind Sie.

Es ist für mich eine außerordentliche Ehre, durch Ihren Mund sprechen zu dürfen.

Wäre ich nicht in Frankreich geboren, so wäre China mein Vaterland. Ich liebe und respektiere alle Kräfte, durch die seine Seele sich artikuliert. Wenn ich sie schlecht verstehen sollte, entschlüssele ich sie mit meinem Herzen. In *La belle et la bête* habe ich Sie unseren Künstlern häufig als Beispiel hingestellt, und ich habe mich bemüht, ihnen den Rhythmus abzuverlangen, der Ihren Ruhm ausmacht. Der Blick von Jean Marais, wenn er darunter leidet, ein Tier zu sein, ist kein anderer Blick als der der heiligen Ungeheuer aus Ihren Legenden. Die Gesten von Josette Day sind die Gesten einer der Prinzessinnen auf Ihren Kupferstichen. Und wenn ich das Glück hätte, bei Ihnen Gefallen zu finden, dann hätte ich, so denke ich, mein Ziel erreicht, und nichts könnte mir mehr geschehen. Denen, die mich attackieren, würde ich antworten: wenig berührt es mich. Durch den Mund von Mei Lan Fang habe ich das große und tiefgründige China gegrüßt.

(Als *La belle et la bête* bei einer Galavorführung in Schanghai gezeigt wurde, verlas Mei Lan Fang, der »König der Schauspieler« – er wurde insbesondere für seine femininen Kompositionen gerühmt, Frauenrollen, die von Männern gespielt werden –, diesen Brief Jean Cocteaus.)

L'Aigle à deux têtes (Der Doppeladler)

Ich hatte diesmal die Absicht, ein Theaterstück auf die Leinwand zu bringen und ihm dabei seinen theatralischen Charakter zu erhalten. Das hieß irgendwie unsichtbar auf der Bühne herumzugehen und die zahllosen Aspekte, Nuancen, Zwänge und Blicke zu erfassen, die dem Zuschauer entgehen, da er ihnen aus dem Orchestersessel nicht im einzelnen folgen kann.

Soll ich hinzufügen, daß ich die Kraft bemerkt habe, die ein Theaterstück gewinnt, sobald man es aus der Vogelperspektive betrachtet, von den Gerüsten etwa, das heißt aus einem Blickwinkel der Indiskretion? Das Publikum, mit den Figuren in einem Zimmer eingeschlossen, dem die vierte Wand fehlt, hört den Figuren auf gleicher Ebene zu, ohne den geheimnisvollen Charakter, den die kapriziöse Form des Schlüssellochs den intimen Schauspielen verleiht.

L'Aigle à deux têtes kommt nicht aus der Geschichte. Es ist eine erfundene Geschichte, von imaginären Helden erlebt, und ich hätte dieses Abenteuer in der realistischen Welt des Kinematographen niemals gewagt, wenn ich mich nicht auf Christian Bérard hätte stützen können. Er hat das Genie, alles zu gestalten, was er anfaßt, ihm in der Zeit und im Raum ein Relief zu geben und ein wahrscheinlich unnachahmbares Aussehen von Wahrheit.

Der Film läßt sich von einer jüngeren Epoche inspirieren als von der des Theaterstücks. Es ist die Jugend von Sarah Bernhardt, die Zeit, in der die großen Damen, ob Herrscherinnen oder Schauspielerinnen, den Sport im langen Rock und die chinesischen Nippes entdeckten.

Meine Königin ist nicht mehr Königin. Der König ist tot, ermordet am Abend ihrer Hochzeit. Aber sie herrscht noch dank des Prestiges, das sie in der Vorstellung des Volkes besitzt. Sie verbirgt sich in ihren Schlössern. Sie verschleiert sich. Sie zeigt ihr Gesicht nicht. Kurz, wie der Polizeiminister feststellt, »sie ist von einer lästigen Unsichtbarkeit«.

Die Mutter des Königs, die Erzherzogin, fürchtet diese lästige Unsichtbarkeit. Ihre graue Eminenz, der Graf von Foehn, Polizeichef, terrorisiert arme anarchistische Gruppen und geheime Gesellschaften, die die Königin mit Kot beschmutzen und ihr tausend Schändlichkeiten nachsagen.

Ein junger, aufrechter Anarchist, dessen Aufbegehren man ausnützt, wird ausgewählt, die Königin zu töten, doch seine Revolte ist nichts anderes als eine versteckte Form der Liebe. Seine außerordentliche

Ähnlichkeit mit König Friedrich überzeugt die Anarchisten und wahrscheinlich auch die Polizei und den Grafen von Foehn.

Die Polizei organisiert eine angebliche Menschenjagd und überläßt es dem jungen Stanislas, das Königreich von einer Person zu befreien, die die Interessen der Erzherzogin stört, die eifersüchtig auf eine Macht ist, der niemand etwas anhaben kann. In der Nacht ihrer Ankunft auf Krantz (dem Schloß, das der König und die Königin für ihre Hochzeitsnacht aufgesucht hatten) gibt die Königin, die sich damit vergnügt, den Hof zu verärgern, ein ländliches Fest, auf dem sie nicht erscheint. Sie beauftragt den Herzog von Willerstein, ihren Ordonanzoffizier, und Fräulein von Berg, ihre Vorleserin, eine junge Spionin im Dienst der Erzherzogin, die Gäste an ihrer Stelle zu empfangen.

Während des Balls ißt sie mit dem Schatten des Königs in ihrem Zimmer zu Abend und hört die Walzer, die er liebte.

In dieser Ballnacht auf Schloß Krantz stürzt der von Hunden und Schüssen der Polizei verfolgte Stanislas durchs Fenster in das Gemach der Königin. Er fällt in Ohnmacht, die Königin versteckt ihn, kümmert sich um ihn und erklärt ihm angesichts seines verstockten Schweigens, daß sie ihn als ihresgleichen behandelt, weil sie ihn als ihren Tod ansieht, als den Todes-Engel. Sie will sterben, aber das Schicksal soll es entscheiden. »Ihr seid«, sagt sie zu ihm, »mein Schicksal, und dieses Schicksal gefällt mir.«

Es kommt darauf an, schnell zu töten. Stanislas war ein Mörder. Er schafft es nicht. Jetzt muß er ein Held werden. Das ist weniger leicht.

Der Film zeigt die drei Tage, die die Königin und ihr Mörder zusammen verbringen. Denn sie gibt vor, ihn durch diesen phantastischen Kunstgriff bestellt zu haben, damit er ihr neuer Vorleser wird.

Das Protokoll besteht zwischen ihnen nicht mehr. Die Königin legt ihren Schleier ab, sie lebt auf, spricht, schimpft, stellt sich beleidigt, sträubt sich oder senkt den Kopf. Das ist, man wird es erraten, ein Absturz in die Liebe.

Der Graf von Foehn, von dieser Wendung der Dinge unterrichtet, bietet Stanislas an, seine Politik zu unterstützen. Stanislas lehnt ab. Foehn setzt ihn fest. Er läßt ihn bis zur Abreise der Königin frei, die Stanislas überredet hatte, in ihre Hauptstadt zurückzukehren und einen Staatsstreich zu wagen.

Stanislas legt sich Rechenschaft darüber ab, daß diese Liebe ausweglos ist. Die verliebte Königin hatte in ihrem Gemach ein Gift stehen, das sie nicht wegräumte; es dauert eine Viertelstunde, bis sich die Kapsel auflöst.

Stanislas vergiftet sich. Er will die Königin wiedersehen. Die Königin entdeckt das leere Medaillon: sie wird Stanislas entgegentreten, und sie wird beschließen, eine grausame Komödie zu spielen. Sie wird ihn beleidigen, sie wird ihn glauben machen, daß sie ihn verhöhnte – bis er sie erdolcht.

Den Dolch im Körper, wird sie sprechen und gehen wie die Kaiserin Elisabeth von Österreich an der Anlegestelle in Genf. Sie wird ihm gestehen, daß sie ihn liebt. Sie sterben nahezu gleichzeitig, in dem Augenblick, da die Königin sich, offenen Gesichtes, ihrem Gefolge zeigt.

Ein solches Drama kann kaum erzählt und glaubhaft gemacht werden ohne bewundernswerte Künstler, die ihm Größe und Leben geben. Edwige Feuillère und Jean Marais, die jeden Abend in ihren Rollen umjubelt werden, übertreffen sich noch auf der Leinwand, sie geben uns all das, ich wiederhole es, was sie uns auf der Bühne nicht geben konnten.

Die Musik von Georges Auric und die Walzer von Strauß beim Ball auf Schloß Krantz bilden den Fluß, in dem dieses Drama über Liebe und Tod badet.

In meinem Film *L'Aigle à deux têtes* wollte ich – weil ich glaube, daß uns diese Art des Ausdrucks, diese Form der Filmkunst dazu verpflichtet, uns an die Massen zu wenden, ohne auf unsere Privilegien zu verzichten – den Intellekt in Handlung auflösen (im Rahmen des Möglichen, versteht sich), ich wollte erreichen, daß meine Figuren ihre Gedanken mehr spielen als aussprechen. Ich habe diese Methode bis zur Erfindung einer fast heraldischen Psychologie vorangetrieben, das heißt einer Psychologie, die von der gewöhnlichen soweit entfernt ist wie die heraldischen Tiere auf Wappen von wirklichen Tieren. Zum Beispiel ein Löwe, der lächelt, ein Einhorn, das vor einer Jungfrau kniet, ein Adler, der ein Fähnchen im Schnabel trägt.

Das soll nicht heißen, daß diese Psychologie falsch wäre, sondern daß sie sich realer und heftiger äußert als die normale – das ist alles.

Ein Beispiel unter vielen: die Gewohnheit einer Königin, Befehle zu erteilen, bringt sie dazu, ihre Liebe kurz und bündig zu bekennen, während eine andere Person dafür Formen suchen würde – und zu dieser Gewohnheit gesellt sich eine Eleganz der Seele, die die Königin veranlaßt, sich zu überwinden und jene Schamhaftigkeit zu überkommen, die sie bei anderen verachtet. Eben diese unverschämte Kühnheit läßt Stanislas zunächst revoltieren, er hält sie für lächerlich, und dann setzt sie ihn immer mehr in Erstaunen und verwandelt sich schließlich in Bewunderung und Liebe.

Ansonsten haben sich Bérard und ich gleichermaßen – ohne den Schatten eines Details, das uns gelähmt hätte – von einer Atmosphäre inspirieren lassen, die für solche Königsschlösser charakteristisch ist und in der sich das, was man unter den Dichtern Dekadenz nennt und was nichts anderes ist als ihre besondere Haltung, in einer gewissen Verrücktheit artikuliert, in einem naiven Kampf gegen Konformismus und traditionelle Gewohnheiten.

Eben dies ist es auch, was die Königin dazu veranlaßt, einen Ball zum Todestag des Königs zu geben, aber selber auf ihm nicht zu erscheinen, sondern zu versuchen, die Gewohnheit durch die Macht der Gewohnheit zu töten, indem sie sich selbst in ihrem Gemach eine Feier richtet: Pomp mit dem Schatten des Königs.

Nur ein Detail ist der Historie entliehen: der Messerstich am Ende und die Tatsache, daß eine berühmte Kaiserin lange mit einem Messer im Rücken herumlaufen konnte. Alles andere – die Orte, die Personen, die Handlung – entspringt einzig meiner Imagination.

Es fällt mir schwer, den Kinematographen aus industrieller Sicht zu betrachten, das ist nicht mein Metier. Der Kinematograph ist für mich ein Ausdrucksmittel wie andere auch. Er ist eine Kunst, eine sehr große Kunst. Vielleicht die einzige Kunst des Volkes. Er ist für mich eine Tinte aus Licht, und ich habe das Recht, mit ihr zu schreiben, was ich will (ich spreche nicht vom Dialog). Mit *L'Aigle à deux têtes* wollte ich einen theatralischen Film machen.

Man hat von ihm gesagt, er sei der Triumph des schlechten Geschmacks. Gewiß. Man wird nichts Besseres über ihn sagen können. Christian Bérard und Wakhévitch wollten den schlechten Geschmack der Herrschenden ausmalen. Wir leben nach den Goncourts. Mallarmé, Manet, die Impressionisten entdeckten die Liebe zu Japan. Die Königinnen und großen Schauspielerinnen begeisterten sich dafür. Außer dem Festsaal, einer Kopie der Pagode des Prinzen von Wales in Bath, zeigt *L'Aigle* den Trödel der Ateliers von Marie Bashkirtseff und Sarah Bernhardt.

Ich kenne die Fehler von *L'Aigle à deux têtes,* doch leider verbieten es uns das Geld, das ein Film kostet, und die wenige Zeit, die wir haben, unsere Fehler zu korrigieren. Das Kino ist zu teuer.

Für *L'Aigle à deux têtes* habe ich fünfhundert Meter Film über Edwige Feuillère gedreht, während sie ganz allein spricht. Ohne sie wäre dieser

Kraftakt unmöglich gewesen. Er wird möglich, weil sie sich mit dem Genie eines chinesischen Schauspielers bewegt, und weil die Eindringlichkeit des Schweigens von Marais seinem Gang, der Autorität seines Wortes entspricht.

Am Ende des Films finde ich nicht den Sturz von Marais sensationell (der dank seiner Verwegenheit realisiert werden konnte), sondern sein Gesicht, daß sich immer mehr auflöst, je weiter er die Stufen hinaufgeht.

Die Königin hat übrigens keinerlei ernsthafte Ähnlichkeit mit der Kaiserin Elisabeth von Österreich. Bérard hat sich durchweg vom Wesen der Königinnen Victoria und Alexandra inspirieren lassen. Es kommt darauf an, die Kühnheit, mit der die Königin ihre Liebe bekennt, einer naiven Ungeschicklichkeit zuzuschreiben und jener Gewohnheit, Befehle zu erteilen, die charakteristisch für Herrscher ist und die als Hochmut und Stolz gilt. Als Stanislas nach dem Eintreten des Mameluken diese Art des Befehlens bemerkt, begreift er, daß ihre Liebe ein Traum ist.

Die Schlußszene hätte ich gewiß nicht ohne das berühmte Beispiel der Kaiserin Elisabeth gewagt. Freilich hat der Messerstich in *L'Aigle* nichts mit dem an der Anlegestelle in Genf zu tun. Er bleibt lediglich ein klinisches Phänomen und eines der seelischen Kraft. Soll ich die Szene auf dem Trapez, im Kleid mit der Schleppe, hinzufügen, die uns Christomanos erzählt?

Wenn man zugibt, daß der Kinematograph eine Kunst ist, muß man sich bei jedem Film ein Problem stellen und versuchen, es zu lösen. Bei *Les parents terribles* habe ich mir im Gegensatz zu *L'Aigle* vorgenommen, ein Stück zu *enttheatralisieren,* es in der Folge seiner Szenen zu verfilmen und dabei die Figuren aus dem indiskreten Blickwinkel des Aufnahmeapparates zu belauschen, als ob sie lebten. Kurz, eine Familie durch ein Schlüsselloch zu beobachten anstatt aus einem Orchestersessel.

Les parents terribles (Die schrecklichen Eltern)

Sie fragen mich, wie ich den Mitarbeitern meines Films Anerkennung zolle. Also:

Die Damen de Bray und Dorziat

Bei diesem raschen Ballwechsel – die Bälle fast immer angeschnitten oder in die Ecken gespielt – zwischen den Damen de Bray und Dorziat fragt man sich, von ihrer Fixigkeit verblüfft, wer den Schläger besser hält.

Die eine spielt mit dem Bauch, die andere mit dem Kopf, und das macht sie unvergleichlich in Rollen, die diesen Stilunterschied verlangen.

Josette Day

Sie findet sofort den richtigen Ton, sie schreckt nicht davor zurück, sich durch Tränen häßlich zu machen – und es fällt ihr nicht leicht, sich häßlich zu machen. Sie stürzt sich nie in exzessive Gefühle, nie unterläuft ihr eine jener Geschmacklosigkeiten, die das Publikum leider für tiefe Empfindsamkeit hält und die die Schauspieler rasch abgleiten lassen. Sie ist die ideale Interpretin einer sehr schwierigen Persönlichkeit, weil sie sich abgestoßen fühlt von der stickigen Enge einer Familie.

Jean Marais

In der Rolle des Michel hat Jean Marais vom ersten Abend an, im Jahre 1939, triumphiert. Freilich hatte er das Alter der Rolle. Er sprang mitten in sie hinein, und er schwamm instinktiv. Jetzt ist das große Kunst. Er komponiert die Rolle, er erfindet sie, er beherrscht sie. Sobald er sich in einer Situation zu einer Erregung verleiten läßt, korrigiert er sich durch einen komischen Effekt. Seine erstaunliche Art, ständig gegen die Wünsche des Publikums und gegen die Gewohnheiten unserer Richter zu spielen, ist eine schöne Lektion in Theater und Filmkunst. Ohne die Seele, die er besitzt, hätte man *Les parents terribles* nicht drehen können. Man würde nicht daran glauben, und der Satz von Léo: »Man muß so blind sein wie Michel und meine Schwester, um nichts gesehen zu haben«, würde ins Leere fallen.

Germaine Dermoz, Berthe Bovy, Serge Reggiani, Gélin waren auf der Bühne bemerkenswert. Doch das Stück war für Yvonne de Bray und für Jean Marais geschrieben. Auf der Leinwand schreiben sie es plastisch neu, mit einem sehr gescheiten Text. Außerdem ähneln sie sich, und sie haben denselben Spielrhythmus.

Marcel André

Er veranschaulicht ein Geheimnis des Kinematographen: daß nicht der Autor eine Geschichte erzählt, sondern die Leinwand. Die Geschichte erzählt sich irgendwie selbst. Marcel André gestikuliert entgegen allen Regeln, und er hat einen Grund dafür: Es ist nicht mehr eine meiner Figuren, die da spricht. Es ist nicht Marcel André. Er entzieht sich der Analyse. Er *ist* Georges. Ein Georges, der in den Kulissen und in der Kamera geboren wurde.

Michel Kelber

Er und Tiquet haben mir das indiskrete Schlüsselloch verschafft, durch das ich diese Familie beobachte, die ständig Türen zuknallt. Und dieses Schlüsselloch ist eins, an das die Kindheit ihr Auge preßt, durch das sie die Welt auf ihre eigenen Maße zurechtstutzt.

Christian Bérard

Bérard hat meine fünf Fische in ihr Aquarium getan. In ein Aquarium mit viel zu wenig Wasser. Und mit Meerespflanzen – die herrlich-scheußlichen Möbel unserer Kindheit. Ich glaube, nur Christian Bérard war fähig, den alten Morgenrock von Yvonne de Bray durch einen geschickten Schnitt ihrem gebieterischen Gang folgen zu lassen. Bérard ist – wie seine Stimme – unvergleichlich.

Georges Auric

Er hat den Gefühlen einen gewissen Zutritt verschafft, wie das Melodram manchen Figuren Eintritt verschafft. In der Geschichte des Kinematographen ist das die völlig neue Verwendung eines einzigen äußerst kurzen musikalischen Motivs.

Madame Douarinou-Sadoul

Jacqueline Sadoul hat mir die Kommas gesetzt, die ich, da ich rasch zu schreiben gezwungen war, vergessen hätte. Sie hat die Akzente gesetzt, die *circonflexes,* die *aigus* und die *graves.*

Die Produzenten (Ariane Film)

Sie waren für mich keine Produzenten, sondern Freunde, die jeden Tag einmal bei uns vorbeikamen.

Orphée (Orpheus)

Ich habe über das Problem des Vor-Geschriebenen und des nicht Vor-Geschriebenen handeln wollen. Kurz: über die freie Entscheidung.

Wenn ich einen Film drehe, ist das wie ein Schlaf, und ich träume. Nichts zählt außer den Menschen und Landschaften des Traums. Es macht mir Mühe, mit anderen Menschen und Landschaften in Berührung zu kommen, wie es im Halbschlaf geschieht. Wenn man schläft und jemand ins Zimmer tritt, existiert er für einen nicht. Er existiert nur, wenn er in die Handlung des Traums eingeführt wird. Der Sonntag bietet mir keine wirkliche Erholung. Ich versuche, so schnell wie möglich wieder einzuschlafen.

Der Tod in meinem Film ist nicht der Tod, der symbolisch durch eine junge, elegante Frau dargestellt wird, sondern der Tod des Orpheus. Jeder von uns hat *seinen* Tod, der sich von Geburt an mit ihm beschäftigt. Der Tod des Orpheus, der seine Befugnisse überschreitet, wird daher zum Tod des Cégeste, und wenn er Cégeste fragt: »Sie wissen, wer ich bin?«, wird Cégeste sagen: »Sie sind mein Tod«, und nicht: »Sie sind der Tod.«

Der Realismus im Irrealen ist in jedem Augenblick eine Falle. Man mag mir immerzu sagen: dies ist möglich und das ist unmöglich, doch verstehen wir etwas vom Mechanismus des Schicksals? Diesen geheimnisvollen Mechanismus will ich gestalten. Warum ist der Tod des Orpheus so oder so gekleidet? Warum fährt er einen Rolls, warum erscheint und verschwindet Heurtebise unter bestimmten Umständen, wie es ihm gerade gefällt, und warum benützt er unter anderem die menschlichen Regeln? Dieses ewige Warum beschäftigt die Denker, von Pascal bis zum kleinsten Dichterling.

Jedes beliebige ungewöhnliche Schauspiel der Natur verwirrt uns und gibt uns Rätsel auf, zuweilen unlösbare. Man hat das wahre Geheimnis eines Ameisenhaufens oder eines Bienenstocks noch nicht geklärt. Die Schutzfarben und Tupfen der Tiere beweisen uns zwar, daß ihre Gattung lange darüber nachgedacht hat, sich unsichtbar zu machen. Aber mehr wissen wir darüber nicht.

Ich wollte die schwierigsten Probleme mit leichter Hand berühren, ohne ins Leere zu philosophieren. Der Film ist also ein Kriminalfilm, der einerseits in den Mythos und andererseits ins Übernatürliche eintaucht.

Ich habe stets dieses »nicht Hund, nicht Wolf« gemocht, dieses Zwielicht, in dem die Rätsel blühen. Ich meine, daß sich der Kinematograph wunderbar dazu eignet – vorausgesetzt, daß er sich so wenig wie möglich zunutze macht, was die Leute das Wunderbare nennen. Je näher man dem Geheimnis kommt, desto wichtiger wird es, realistisch zu sein. Das Autoradio, die chiffrierten Botschaften, das Signal der Kurzwellen, der Stromausfall – lauter uns allen vertraute Elemente, die es mir erlauben, auf dem festen Boden des Alltags zu bleiben.

Niemand kann an einen berühmten Dichter glauben, dessen Namen ein Autor sich ausdenkt. Ich brauchte einen Sänger der Sage, den Sänger der Sänger. Den aus Thrakien. Und sein Abenteuer ist so schön, daß es unsinnig wäre, ein anderes zu suchen. Das ist der Ausgangspunkt, den ich nun weiterspinne. Dabei folge ich nur dem Rhythmus der Sagen, die sich auf die Dauer alle verändern, je nach Erzähler. Racine und Molière taten mehr. Sie kopierten die Antike. Ich empfehle stets, ein Modell zu kopieren. Nach der Unmöglichkeit, ihm gleichzukommen, und nach dem neuen Blut, das er ihm gibt, beurteilt man einen Dichter.

Der Tod des Orpheus und Heurtebise werfen Orpheus vor, daß er Fragen stellt. Begreifen zu wollen: das ist die sonderbare Manie der Menschen.

Es gibt nichts Vulgäreres als Werke, die vorgeben, etwas zu beweisen. *Orphée* vermeidet es selbstverständlich, irgend etwas zu beweisen oder auch nur so zu tun.

»Was wollten Sie sagen?« Das ist eine modische Frage. Ich wollte sagen, was ich gesagt habe.

Alle Künste können und müssen warten. Sie warten sogar auf den Tod des Künstlers, um zu leben. Nur die absurden Summen, die der Kinematograph kostet, verlangen nach einem sofortigen Rückfluß. Folglich gibt er sich damit zufrieden, nur eine Zerstreuung zu sein.

Bei *Orphée* hatte ich beschlossen, das Risiko einzugehen und einen Film zu machen, als ob der Kinematograph sich den Luxus leisten könnte zu warten, als ob er die Kunst sei, die er sein müßte.

Schönheit verabscheut die Ideen. Sie genügt sich selbst. Ein Werk ist schön, wie jemand, der schön ist. Diese Schönheit, von der ich spreche (die von Piero della Francesca, von Ucello, von Vermeer), provoziert eine Erregung der Seele. Über eine Erregung läßt sich nicht diskutieren. Wenige Menschen sind dazu fähig. Die Mehrzahl meint, wie auf der bekannten Zeichnung von Forain, es sei »besser, sich zu unterhalten«.

Unsere Epoche quillt über vor lauter Ideen. Sie ist die Tochter der Enzyklopädisten. Doch es reicht nicht aus, eine Idee zu haben. Es ist auch nötig, daß diese Idee *uns* hat, daß sie uns erschreckt, daß sie uns umtreibt, daß sie unerträglich wird.

Die Notwendigkeit für den Dichter, unaufhörliche Tode zu durchschreiten und in einer Form wiedergeboren zu werden, die seiner Persönlichkeit näherkommt, ist die Grundlage von *Le sang d'un poète*. Ein Thema, das ich damals mit einem Finger anspielte, denn ich erfand ein Metier, das ich nicht kannte. In *Orphée* orchestrierte ich dieses Thema. Deswegen erscheinen die beiden Filme in einem Abstand von zwanzig Jahren.

Da mein Film damals keinen Fingerbreit Phantasie dulden konnte, da er mir vorkam wie ein Verstoß gegen meine Regeln, mußte ich, da ich Regeln erfand, sie Chiffren unterordnen, die sich nur durch ihre Beziehungen untereinander bestimmten.

Wenn ich Heurtebise verschwinden lasse, einmal durch Verwendung des Spiegels und einmal auf der Stelle, so weil es mir wichtig ist, den Spielraum zu erhalten, der den Insektenforschern rätselhaft vorkommt und dessen Gesetze ihnen entgehen.

Der Glaser, eine Figur, über die man mich häufig befragt, war der einzige, der den Satz erklären konnte: »Nichts ist hartnäckiger als die professionelle Deformation« – denn der sehr jung Gestorbene besteht darauf, seinen Ruf in einer Zone zu rufen, in der Fensterscheiben keinerlei Sinn mehr haben.

Sobald die Maschine einmal in Gang gekommen war, mußten sich alle ihr fügen; so gelang es zum Beispiel Jean Marais in der Szene der Rückkehr zum Haus, komisch zu sein, ohne taktlos zu werden, und ohne Bruch zwischen Komik und Lyrik.

Dasselbe gilt für François Périer, dessen Spott zärtlich bleibt und ihm nicht den Anschein gibt, die übernatürlichen Vorzüge zu mißbrauchen, die er besitzt. Nichts war weniger leicht als die Rolle des Orpheus im Clinch mit den Ungerechtigkeiten der Dichterjugend. Er scheint mir keine Geheimnisse vorzuenthalten, die er errät und die ihn hereinlegen. Er beweist seine Größe nur als Darsteller. Auch hier erhellt mir Marais den Film mit seiner Seele.

Eine der Ungenauigkeiten, die man über *Orphée* geschrieben hat, ist, daß man von Heurtebise immer als von einem Engel spricht, und von der Prinzessin als von *dem* Tod.

In meinem Film gibt es weder Tod noch Engel. Wie auch: Heurtebise ist ein jung Gestorbener im Dienst einer der zahllosen Untergebenen des Todes, und die Prinzessin ist ebensowenig der Tod, wie eine Stewardeß ein Engel ist.

Niemals taste ich Dogmen an. Der Bereich, den ich zeige, ist eine Randzone des Lebens. Ein Niemandsland. Man treibt dort zwischen Leben und Tod. Das Gericht ist für das Hohe Gericht, was der Untersuchungsrichter für den Prozeß ist. Die Prinzessin erklärt: »Bei uns geht man von Gericht zu Gericht.«

Die Wellen zwischen den Knoten, die Ruhe zwischen zwei intensiven Handlungen nennen die Kritiker Längen.

Shakespeare besteht nur aus Längen und Kürzen. Das eben macht ihn schätzenswert. Die Engländer beachten die Längen Shakespeares nicht mehr, weil sie sie erwarten und respektieren.

Wenn man Jean Marais wegen seines Spiels in *Orphée* lobt, antwortet er: »Es ist der Film, der meine Rollen spielt.«

Die drei Grundthemen von *Orphée* sind:

1. Die unaufhörlichen Tode, durch die ein Dichter gehen muß, um – nach einem bewundernswerten Vers von Mallarmé – zu werden »*Tel qu'en lui-même enfin l'éternité le change*«!*

2. Das Problem der Unsterblichkeit: die Person, die den Tod des Orpheus darstellt, opfert sich, gibt sich auf, um den Dichter unsterblich zu machen.

3. Die Spiegel: man sieht sich in ihnen älter werden. Sie bringen uns dem Tod näher.

Die anderen Themen sind eine Mischung aus dem orphischen Mythos und modernen Mythen: zum Beispiel die sprechenden Autos (das Radio in den Autos).

Ich mache darauf aufmerksam, daß die Szene der Rückkehr ins Haus eine komische Szene ist. Sie paraphrasiert, was die Männer sagen, die in eine andere als die eigene Frau verliebt sind: »Ich kann meine Frau nicht mehr sehen.«

(*Cinémonde,* 25. September 1950)

Der Film eines Dichters entspricht der Riesenauflage eines Buches von ihm. Es ist normal, daß viele Leute das Buch nicht gelten lassen, aber diese Riesenauflage vervielfacht seine Chance, einige Seelen zu erreichen, jene Menschen, denen der Dichter früher nur nach langer Zeit oder erst nach seinem Tod begegnet wäre. Außerdem beweist die Erfahrung mit *Orphée,* daß diese wenigen Menschen zahllos sind. Wie aus zehn Francs tausend werden, so spielt das Phänomen des Wechselns offenbar auch im Bereich des Publikums eine Rolle. Die Menschen, die den Film mögen und die mir schreiben (ich rechne sie zu den *wenigen Menschen, die zahllos sind*), beklagen sich immer über die anderen Zuschauer im Kinosaal, die ihnen als amorphe Masse erscheinen. Sie vergessen dabei, daß sie ohne diese anderen den Film nicht hätten sehen können.

Orphée ist ein realistischer Film – oder, um genauer zu sein und den Unterschied beizubehalten, den Goethe zwischen Realismus und Wahr-

* Etwa: »Was er selbst ist und nur die Ewigkeit ändert«.

heit macht: ein Film, in dem ich eine Wahrheit artikuliere, die mir eigen ist. Wenn diese Wahrheit nicht die des Zuschauers ist und er die Verweigerung seiner Persönlichkeit dem Ausdruck der meinen entgegensetzt, zeiht er mich der Lüge. Es erstaunt mich sogar, daß im Lande des Individualismus so viele noch zugänglich sind für das Denken eines Anderen.

Denn wenn *Orphée* auf amorphe Zuschauermassen trifft, trifft er dabei doch auf große Säle, die sich meinem Traum weit öffnen und die bereit sind, sich einschläfern zu lassen und mit mir zu träumen (die Logik des Traum-Mechanismus akzeptierend, eine unfehlbare Logik, die aber nichts mit der unseren zu tun hat).

Ich spreche nur von einem Mechanismus, denn *Orphée* hat nichts von einem Traum, sondern faßt dank einer Vielfalt von Details, analog der Vielfalt des Traums, meine Lebensweise zusammen, meine Art, dem Leben zu begegnen.

Die weit geöffneten Säle werden immer offener, wenn der Film in den Norden reist, oder wenn das große Publikum guten Glaubens in ihn hineintaucht – ohne die seelische Kälte der Eliten und ohne deren Angst, sich die Füße naß zu machen in einem Wasser, das auf eine gefährliche Weise imstande ist, ihre Gewohnheiten durcheinanderzubringen.

Schon wenn aus dem Wunsch, einen solchen Film zu drehen, ein Unternehmen wird, gerät alles durcheinander je nach den Maschinen, den Künstlern, den Dekors, den unvorhersehbaren Umständen.

Ich muß also zugeben, daß die Brechung *(le phénomène de réfraction)* bereits beginnt, noch ehe das Werk mich verläßt und ich endgültig das Risiko einer vielfältigen Brechung eingehe.

Die Erzählung von Marcenac in *Ce soir* (weil Sie mich fragen, was ich davon halte) gibt mir ein treffliches Beispiel für solch eine Brechung, nachdem ein Werk draußen ist.

Und wie uns die Analyse eines Films durch einen Psychoanalytiker Auskunft gibt über gewisse Folgen und Quellen einer Arbeit, deren Kontrolle um so schwächer wird, je mehr uns die materiellen Schwierigkeiten unaufmerksam für unsere Erschöpfung machen und unser Unbewußtes frei lassen, so zeigt uns die Interpretation eines unserer Werke durch einen fremden Verstand dieses Werk unter einem neuen und aufschlußreichen Blickwinkel.

Wie groß wäre unser Unbehagen, wenn wir mit einem Apparat den seltsamen Weg einer Geschichte durch die Windungen tausender von Gehirnen einer Zuschauermenge verfolgen könnten? Zweifellos würden wir zu schreiben aufhören. Und wir hätten unrecht. Denn das wäre eine grausame Schule. Das Wort von Jules de Noailles, das Liszt weitergab, ist richtig: »Eines Tages werden Sie bemerken, daß es schwierig ist, über irgend etwas mit irgend jemand zu sprechen.« Es bleibt deswegen nicht weniger wahr, daß jeder unsere Nahrung entweder annimmt oder zurückweist und daß der, der sie annimmt, es auf seine Weise tut. Dies entscheidet über den Weg eines Werkes durch die Jahrhunderte. Und fände ein Werk makellosen Widerhall, so käme es zu einer Art von Pleonasmus, von trägem Austausch, von toter Perfektion.

Als ich eines Sonntags auf dem Lande hörte, wie man im Rundfunk *Orphée* erzählte und zur Beschreibung des Niemandslandes zwischen Leben und Tod den Satz formulierte: »Sie durchschreiten die unterirdischen Kathedralen der Hölle«, war meine Verblüffung natürlich groß. Aber wenn ein ernsthafter und aufmerksamer Mensch (den ich nicht persönlich kenne) sich die Mühe macht, sich an eine Geschichte zu erinnern, und wenn er versucht, diese sehr komplexe, auf mehreren Ebenen sich abspielende Geschichte mit einer nahezu kindlichen Anmut auf eine einfache und leicht lesbare Linie zu bringen, ohne dabei auf seine persönlichen Ansichten und auf Genauigkeit zu verzichten, so kann ich nicht umhin, ihm meine Kritik zu ersparen. Sie wäre ebenso unangebracht wie diejenige unserer Richter, wenn sie eilig ein Werk verdammen, das dreißig Jahre des Suchens zusammenfaßt.

(*Les Lettres françaises,* 16. November 1950)

Le testament d'Orphée (Das Testament des Orpheus)

Jeder beliebige junge Flieger kann heute die Kunststücke ausführen, die ich früher mit Garros machte – und zu denen nur Garros und Pégoud* fähig waren. Jeder beliebige junge Pianist kann heute die Passagen spielen, die einst nur Liszt und Chopin spielen konnten. Dasselbe gilt für den technischen Fortschritt des Kinos. Als ich den Film *Le sang d'un poète* drehte, das war vor dreißig Jahren, verstand ich nichts von dem Metier, und niemand auf der Welt hätte mir beibringen können, was ich nicht wußte. Ich mußte mir eine Technik erfinden, mußte unter tausend Schwierigkeiten Dinge finden, die später kinderleicht wurden. Zuviel

* Roland Garros (1888 bis 1918) und Adolphe Pégoud (1889 bis 1915), französische Flieger. Garros überquerte 1913 als erster das Mittelmeer, Pégoud realisierte den ersten Looping.

Fortschritt macht den Weg leicht und die Seele träge. Heute kann jeder junge Filmemacher einen guten Film machen, so wie auch jeder beliebige junge Maler genügend kann, um nicht bloß billige Schinken zu fabrizieren. In seiner Antrittsrede in der Académie française wies bereits Voltaire auf die Gefahr des technischen Fortschritts hin: »Ein Volk, das zu geschickt ist und zu intelligent«, sagte er, *»bringt keine Spitzen mehr hervor.«* Er wollte damit sagen, daß das Außergewöhnliche zugunsten eines redlichen Mittelmaßes verschwindet.

Aus diesem Grund hatte ich auf die Verwendung des Films verzichtet, obwohl er uns ein gutes Vehikel der Poesie zur Verfügung stellt, insofern er es ermöglicht, die Irrealität mit einem Realismus zu zeigen, der sie dem Zuschauer glaubwürdig macht.

Nach und nach, als ich feststellte, daß *Le sang d'un poète* – ein Film, den ich für ein paar nahe Freunde gedreht hatte – sich seit dreißig Jahren in allen Hauptstädten der Welt hielt, insbesondere in New York, wo er seit neunzehn Jahren im selben Kino zu sehen ist (in der längsten »Sondervorstellung«, die es je gab), kam ich auf die Idee, es wäre doch lustig, wenn ich meine Kreisbahn beschließen und meine Karriere als Filmemacher mit einem Film analog dem *Sang d'un poète* beenden würde – wobei ich mich darauf einlassen müßte, über andere Hindernisse zu springen als einst.

Ein freier Film, ohne irgendwelche kommerziellen Auflagen, für das große Publikum der Jugend, das in den Cinématheken der Welt heranwächst und dem man nie die Schauspiele vorsetzt, nach denen es hungert und dürstet.

Außerdem glaube ich, daß einer der großen Fehler des Kinematographen darin liegt, daß man niemals mehrere Arten, einen Film zu lancieren, ins Auge faßt, daß man die Jugend zwingt, Filme wie die Alten zu machen und die alten Gewohnheiten anzunehmen, andernfalls ihr Film in einen Kasten verschlossen bleibt, ohne ihn je verlassen zu können.

Vielleicht war es unumgänglich, daß ein Älterer – also einer, der freier ist, jung zu sein, als ein Junger – eine verschlossene Tür öffnet und sich an die Spitze eines Zuges setzt, der nur darauf wartet, losmarschieren zu können.

Als ich im Fernsehen und im Rundfunk sagte, mein Film *Le testament d'Orphée* habe »weder Schwanz noch Kopf, aber eine Seele«, scherzte ich, ohne zu scherzen. Denn in der Tat wundere ich mich – in einer Zeit, da die Maler das Sujet dem Malen geopfert und das Modell oder den Vorwand des Malens aufgegeben haben –, daß die Filmemacher, bedrängt von den Produzenten, die das Publikum zu kennen glauben und die doch nur im Stadium eines Kindes geblieben sind, das eine Geschichte erzählt kriegen will, ein »Sujet« und einen *Vorwand* fordern, während doch die Art zu sprechen, die Dinge zu zeigen, die Leinwand einzurichten tausendmal wichtiger ist als das, was man damit erzählt.

Leider gleicht das Publikum (und das der Filme ist zahlreich) einer Dame, die, weil sie keine Zuaven* mag, erklärt, van Goghs *Der Zuave* nicht mögen zu können; oder einem Herrn, der gegen Rosen allergisch ist und deswegen an seine Wand kein Rosenbukett von Fantin-Latour oder von Renoir hängen könnte.

Doch die Zeit ist gekommen, diese lächerlichen Tabus zu zerstören und das Kinopublikum ebenso zu erziehen wie das Publikum, das die Gemäldeausstellungen besucht. Andernfalls wird die Jugend des Kinomilieus niemals jung sein, sondern dazu verurteilt, sich den schlechten Gewohnheiten der Produzenten, der Verleiher und der Kinobesitzer zu unterwerfen.

Es ist lächerlich zu sagen, das Kino habe nichts mit dem Außerordentlichen zu tun. Das hieße, ihm seine Rolle als Muse abzusprechen. Doch die Musen müssen in einer Position der Erwartung dargestellt werden. Sie erwarten, daß die Schönheit, die zunächst verwirrt und häßlich scheint, langsam in die Köpfe eindringt. Und die absurden Summen, die das Kino kostet, zwingen es leider zum Kniefall vor dem Idol des raschen Erfolgs.

Dieses widrige Idol unserer Epoche, dieses verabscheuenswerte Dogma gilt es zu bezwingen. Man wird das nicht auf einen Schlag erreichen. Aber ich wäre schon dankbar, wenn meine Anstrengung dazu beitragen könnte, und wenn die Jugend es eines fernen Tages ein wenig mir verdankte, einen Film herausbringen zu können, so wie ein Dichter einen Gedichtband herausbringt, ohne zum amerikanischen Imperativ des Bestsellers verurteilt zu sein.

Le veau d'or est toujours de boue (Das goldene Kalb ist immer aus Lehm/...ist immer vom Rind) – ein Kalauer, den ich ohne Scham unterschreibe, und ohne zu fürchten, daß man ihn mir vorhält. Er gehört zum Orakel von Delphi. Denn es wird dazu kommen, daß die ideologische Münze des Kinos und die abstrakten Reichtümer, die es verspricht, den Weg zu vernünftigen Summen nicht länger versperren, zu solchen, die auch der kleinste Film braucht, aber die augenblicklich zurückgewonnen werden, wenn der Film Neues wagt und nicht mehr bis

* Zuaven waren Angehörige einer aus algerischen Berberstämmen rekrutierten französischen Kolonialtruppe.

zum Überdruß breittritt, was man in seiner Verachtung des Volkes für volkstümlich hält. Es sind die berühmten »Eliten«, die uns den Weg versperren. Das Volk ist sensibel für Schönheit, auch wenn es durch sie aus der Fassung gerät. Und unsere Filme, die man beschuldigt, für eine Minderheit gemacht zu sein, müssen dieses Hindernis überwinden und hinüberspringen zu jener Mehrheit, die mehr und mehr instinktiv urteilt und dem Neuen noch nicht verschlossen ist durch die Routine der Moden.

Mein Anti-Cartesianismus ist so stark, daß ich allmählich zu seinem Descartes werde.

So sehr ich den halbgeöffneten Kreis von Pascal respektiere, in den überraschend der Zufall eindringen kann, so sehr verabscheue ich den geschlossenen Kreis eines durch den Fortschritt der Wissenschaft widerlegten Gelehrten, das Symbol jener schrecklichen Manie, alles vom französischen Volk begreifen zu wollen. Warum? Das ist das Leitmotiv Frankreichs. »Erklären Sie mir, was Sie malen wollten.« Bald wird man erklären müssen, was die Musik sagen will. Wie bei Beethovens *Pastorale,* bei der sich die Zuhörer freuen, wenn sie den Kuckuck wiedererkennen oder die ländlichen Lieder.

Alles, was sich erklärt, alles, was sich beweist, ist vulgär. Die Menschen sollten zugeben, daß sie auf einem unbegreifbaren Planeten leben, auf dem sie für ihre Antipoden auf dem Kopf stehen; daß das Unendliche, die Ewigkeit, der Raum und die Zeit und andere Trugbilder für unsere kränkliche Intelligenz unverständlich bleiben, reduziert auf drei Dimensionen, selbst wenn sich der arme Erdbewohner losreißt von dieser Erde (an die er durch eine Nabelschnur gebunden bleibt) und den Mond besucht, der ein altes und totes Stück Erde ist, nicht weiter von uns entfernt als Asnières oder Bois-Colombes.

Der Mond war Erde – die Erde wird Mond sein. Die Sonne wird Erde sein, und so weiter. Das ist alles, was wir von einem erschreckenden Mechanismus wissen, in dem wir uns die Hauptrolle zugeteilt haben und doch nichts sind – ein paar Mikroben in einem Schimmel, den uns unsere Kleinheit als gefällige Landschaften und bezaubernde Gefilde erscheinen läßt.

»Das Testament des Orpheus«: dieser Titel hat keine direkte Beziehung zu meinem Film. Er bedeutet, daß ich dieses letzte visuelle Gedicht all jenen Jungen widme, die mir vertrauten, trotz des totalen Unverständnisses, mit dem meine Zeitgenossen mich umgeben.

Ich betone, daß dieser Film das Gegenteil des »künstlerischen« und intellektuellen Films ist.

Ich würde gerne sagen können: »Ich denke nicht, also bin ich.« Alles Denken lähmt das Handeln, und ein Film ist eine Kette von Handlungen. Das Denken taucht und kleidet ihn in einen prätentiösen und unerträglichen Stil. Die Poesie ist das Gegenteil des »Poetischen«. Sobald man ein Dichter sein *will,* ist man es nicht mehr, und die Poesie macht sich davon. Dann erkennt das Publikum sie von hinten und beglückwünscht sich, erlesen genug zu sein, sie zu verstehen.

In *Le testament d'Orphée* verketten sich die Ereignisse wie im Schlaf – unsere Gewohnheiten kontrollieren die Kräfte nicht mehr, die in uns sind, und die der Vernunft fremde Logik des Unbewußten. Ein Traum ist rigoros verrückt, rigoros absurd, rigoros wunderbar, rigoros gräßlich. Doch niemals urteilt ein Stück von uns über ihn. Wir erleiden ihn, ohne das schreckliche Menschengericht anzurufen, das es sich herausnimmt, zu verurteilen oder freizusprechen.

Im übrigen ist es durchaus wahrscheinlich, daß die Handlung meines Films aus Zeichen und Bedeutungen besteht. Bloß: ich ignoriere das, und ich kann es nur akzeptieren in Form einer Maschine, die Bedeutungen fabriziert. Ich füge hinzu, daß die Zeichen und Bedeutungen, die das Publikum darin entdeckt, wohl eine Grundlage haben müssen, auf der mein tiefstes Ich, das mein oberflächliches Ich transzendiert, zum Vorschein kommt.

Wiederholen wir, was ich schon oft gesagt habe. *Ich bin ein Tischler, ich bin kein Spiritist.* Mein Geschäft beschränkt sich darauf, einen schönen Tisch zu bauen; daß andere dann die Hände darauf legen und ihn zum Sprechen bringen, geht mich nichts an und kommt mir ebenso rätselhaft vor wie denjenigen, die den Geist der Toten beschwören, denn unsere Werke werden eine Sekunde, nachdem sie geschrieben wurden, bereits posthum.

Ich bin 69, am 5. Juli 1959 werde ich 70. Ich spiele praktisch in allen Szenen des Films, assistiert von meinem Adoptivsohn Edouard Dermit, dem Maler, der mir bereits den Gefallen getan hat, den Paul in *Les parents terribles* und den Cégeste in *Orphée* zu spielen.

Als ich noch jung war (zur Zeit von *Le sang d'un poète*), hielt ich es für besser, meine Person (ideologisch) Rivero anzuvertrauen. Ich hatte damals zu viele Chancen zu gefallen. Alt geworden, traue ich mich, in meiner eigenen Rolle als Dichter aufzutreten, ohne von irgendeinem physischen Vorteil zu profitieren. Edouard Dermit aber, den ich einst in *Orphée* jener berühmten Zone überlassen hatte, die weder das Leben noch der Tod ist, lasse ich im *Testament d'Orphée* nur deswegen wieder auftreten, damit er mich von Schnitzer zu Schnitzer immer mehr dazu zwingt, mit ihm zu verschwinden und eine Welt zu verlassen, in der, so sagt er, »Sie nichts zu tun haben, wie Sie sehr gut wissen«.

Am Ende des *Testament* – und das ist nicht ohne Beziehung (wie ich gerade bemerke) zu der Szene des Kommissars in meinem *Orphée*-Stück – entwische ich zwei Streifenpolizisten, die von fern den berühmten Motorradfahrern der Prinzessin ähneln; nach meinem Verschwinden und dem meines Sohnes fegt ein Wagen, aus dem Jazzmusik dringt, meine Ausweispapiere weg, die der Streifenpolizist fallen gelassen hat, und die durch Berührung des Bodens zu jener unvernünftigen Blume geworden sind, die ich wiederzubeleben versuche, um sie Minerva darzubieten, der Göttin der Vernunft.

Aber Minerva weist die Blume wie etwas Totes zurück und durchbohrt mich mit ihrer Lanze. Und mein Tod ist, wie immer in meinen Mythen, falsch. Er ist *einer meiner Tode,* und die Zigeuner schluchzen über meinem leeren Grab.

Ich gehe weg, und ich kreuze den Weg der Sphinx und des Ödipus, der von Antigone geführt wird. Ich sehe sie nicht einmal. Wie der Prinz Andrzej in *Krieg und Frieden,* der träumte, Napoleon zu kennen, und der ihm nicht einmal einen Blick gönnt, weil er, verwundet auf dem Schlachtfeld liegend, die ungetrübte Herrlichkeit der Wolken betrachtet. Dann kommt die Begegnung mit den Streifenpolizisten und die Entführung durch Cégeste.

Man errät, daß alle diese Szenen nichts Symbolisches darstellen. Sie kamen mir in jenem vagen Zustand des Nachtwandelns in den Sinn, ohne den ich niemals zu schreiben wage.

Die Dichter sind lediglich die demütigen Diener eines »Wir«, unseres Innersten, das sich tief in unserem Körper verbirgt und seine Befehle erteilt.

Es ist dieses Ich, das uns unaufhörlich kompromittiert, um nicht Schläge zu kriegen, wie Leporello, den Don Giovanni in seine Kleider gesteckt hat, damit man ihn statt seiner verdrischt.

Man hat viel über die berühmten Schauspieler wie Yul Brynner und Jean Marais (unter anderem) gesprochen, die in meinem Film mitspielen, ohne daß ihre Namen im Vorspann genannt werden. Das ist deshalb so, weil es ihnen, aus Freundschaft, Spaß macht, in einem Film aufzutreten, der keinem der ihren gleicht.

Auf dieselbe Weise traten bekannte Personen in *Le sang d'un poète* auf.

Es fällt mir schwer, mehr darüber zu sagen. Nicht, daß ich das Geheimnis suche, denn das finde ich prätentiös und lächerlich; aber ich glaube, daß sich ein filmisches Werk nicht besser erzählen läßt als ein Gemälde.

Was zählt, ist »sein Material und seine Machart«, nicht das, was es darstellt.

Übrigens erwarte ich von diesem Film keinen jener Erfolge, durch die sich die Kosten des Kinematographen bezahlt machen. Einige Freunde und einige Leute der Branche sind damit einverstanden, mir ein Unternehmen zu ermöglichen, das, ich wiederhole es, keinen der Imperative des Kinematographen befolgt. Es handelt sich um *etwas anderes,* um jenes »andere«, das geheimnisvoll manche Sport- oder Music-Hall-Stars umgibt. Und wenn mir die Leute entgegenhalten, daß die Sportler, die ich bewundere, gar keine Sportler seien, oder daß die Gemälde, die ich liebe, gar keine Gemälde seien, und wenn ich sie frage: »Also, was sind sie dann?«, antworten mir diese Leute: »Ich weiß nicht, *es ist etwas anderes.*« Nun, mir scheint, dieses »andere Etwas« ist letzten Endes die beste Definition der Poesie.

Diesmal habe ich in meinem Film sehr sorgfältig darauf geachtet, daß die Tricks der inneren Linie dienen und nicht der äußeren. Sie sollen mir helfen, die innere Linie so geschmeidig zu machen wie die eines Menschen, der tut, was man bei uns *gamberger* nennt – ein herrliches Wort, das sich allerdings in unserem *Dictionnaire* nicht findet.

Gamberger bedeutet, dem Geist seinen Lauf zu lassen, ohne Kontrolle und ohne Korrespondenz zum Traum, zur Träumerei oder zur Schwärmerei; unseren intimsten Ideen (den am tiefsten in uns eingekerkerten) zu erlauben, die Flucht zu ergreifen und an den Wachen vorbeizukommen, ohne von ihnen gesehen zu werden. Alles andere ist nur »These« und »Brio«. Beides stößt mich ab.

Denn die »These« zwingt uns, *das Lenkrad zu verziehen,* um einer künstlichen Linie zu folgen, und das »Brio« verführt uns dazu, ohne vernünftigen Grund auf das Gas oder auf die Bremse zu treten, Beschleunigung oder Verzögerung übertrieben zu inszenieren, während doch ihr Überraschungseffekt nur eintritt, wenn sie sich in die Arbeit einfügen und nicht in den Vordergrund drängen.

Wenn die gedankenlosen und oberflächlichen Leute, die über unsere Filme urteilen, wüßten, wieviel harte Arbeit in der Montage steckt, würden sie uns mit einiger Besorgnis betrachten und uns als Alchimisten dem Tribunal der Kirche überantworten.

Es stimmt, daß wir Gold herstellen. Doch hat dieses Gold keinen Kurswert, außer für einige wenige aufmerksame Seelen.

Einmal sprach ich über den wunderbaren Film *Lady Lou* (Mae West)* mit einem seiner Kaste sehr überlegenen Mann von Welt, der von dem Film begeistert war und ihn fünfmal gesehen hatte. Als ich ihn an bestimmte Episoden erinnerte (unter anderem an die, in der Mae West eine Tote als lebend ausgibt, indem sie ihr die Haare kämmt), gestand er mir, sich nicht daran zu erinnern, und war erstaunt, daß ich mich daran erinnerte. Kurz, er hatte nichts gesehen, aber er vergnügte sich vage an einem *Ganzen,* ohne daß irgendeins der Details, die uns soviel Mühe kosten, ihn beeindruckt hätte.

Und dabei stand dieser Mann von Welt, ich wiederhole es, weit über der durchschnittlichen Intelligenz seines Milieus.

Doch wenn diese Details nicht existierten, würde das Ganze des Films ihn nicht begeistert haben, hätte es keine Spur in seiner Erinnerung hinterlassen.

Die meisten, die meinen Film sehen, werden sicher sagen, das sei eine Spinnerei, und man könne überhaupt nichts verstehen. Sie werden durchaus nicht Unrecht haben, denn es geschieht auch mir, daß ich nichts verstehe, daß ich drauf und dran bin, die Partie aufzugeben und mich bei denen zu entschuldigen, die mir vertraut haben. Doch da mich die Erfahrung gelehrt hat, unter keinen Umständen Dinge aufzugeben, die einen Sinn hatten und ihn zu verlieren scheinen, versuche ich, meine Schwäche zu überwinden und mir selbst zu vertrauen, so wie ich anderen vertraue, wenn ich sie bewundere und respektiere. Kurz, ich vertraue auf dieses *Andere,* auf den Fremden, zu dem wir werden, sobald wir eine Arbeit vollendet haben.

Will das Leben »etwas sagen«? Ich frage es mich, und oft besteht die Kunst aus dem Versuch, dem Leben seinen Charme wegzuamputieren, jenen »Teil von Gott«, von dem Gide spricht und der bei ihm oft auch »Teil des Teufels« genannt werden könnte.

Die erste Frage, die mir die Journalisten stellen, ist die berühmte französische Frage: »Wovon handelt die Geschichte?« Und wenn ich aufrichtig antworte: »Es gibt keine«, betrachtet man mich mit der Besorgnis, die man den Verrückten gegenüber aufbringt. Und das ist richtig. *Es gibt keine.* Ich nutze den Realismus der Landschaften, der Personen, der Gesten, der Worte, der Musik, um der Abstraktion des Gedankens eine Gestalt zu verleihen – und um ein Schloß zu bauen, ohne

* Gemeint ist *She done him wrong,* Regie Lowell Sherman, USA 1933.

das man sich ein Gespenst schlecht vorstellen kann. Wenn das Schloß selbst ein Trugbild wäre, würde das Gespenst die Macht verlieren, in ihm zu erscheinen und Schrecken zu verbreiten.

Daher – ich bestehe darauf – wird ein abstrakter Film kein der sogenannten abstrakten Malerei analoger Film sein, keiner, der sich damit begnügt, naiv die Tupfen und Flächen der Maler zu imitieren. Ein abstrakter Film muß nicht *einem Gedanken* Gestalt verleihen, sondern *dem Denken,* jener unbekannten Kraft, die herrscht, ohne ein anderes Privileg, als eben stärker zu sein als die anderen Kräfte und rascher als die Schnelligkeit. Die Kraft und die Schnelligkeit selbst.

Dieser Kraft versuche ich zu gehorchen, ohne sie durch jene feine Intelligenz zu bremsen, die nichts anderes ist als eine höhere Dummheit.

Meine beiden Schreckgespenster sind *das Poetische* und *der Intellektualismus.* Leider regieren sie die Welt und vertreiben die gefiederte Welt, die einzufangen dem Dichter zuweilen gelingt. *Jean l'Oiseleur* – Hans der Vogelfänger: so habe ich in meiner Jugend meine Texte und Zeichnungen unterschrieben.

Es ist Jean l'Oiseleur, der *Le testament d'Orphée* dreht, hoffend, in dieser tristen Welt ein paar brüderliche Seelen zu erreichen. Nur wenn man sich an sich selbst hält, sagt Goethe, kann es sein, daß man brüderlichen Seelen begegnet. Ein gefährliches Wort in einer Zeit, da Entpersönlichung die Völker regiert und jene Unterschiede und Kontraste zu verwischen droht, die dem Universum ein menschliches Antlitz gaben und erfolgreich die Plattheit und den Roboter besiegten.

Dies ist mein Wunsch und mein Orakel: Auf die Dauer wird die Entpersönlichung alle Seelen derart verfinstern, daß es wieder zu einem Sieg der Einzahl über die Mehrzahl kommen wird, daß sich die Mehrheit nicht länger für den höchsten Richter halten wird, daß die Schafe nicht länger den Platz des Schäfers einnehmen werden, daß die Minderheiten, nicht mehr davon träumend, Mehrheiten zu werden, wieder gleich jenen Priestern werden, die einst die Tempelgeheimnisse wahrten – kurz: daß der Geist des Schaffens, der die höchste Form des Widerspruchsgeistes ist, das moderne Tut-was-euch-gefällt abschafft, jene schlimme Freiheit des Tuns, die man der amerikanischen Jugend lehrt und die den entscheidenden Antrieb der Kinder, der Jungen, der Helden und der Künstler unterdrückt: den Ungehorsam.

(Größere Abschnitte dieses Textes, der hier erstmals ungekürzt wiedergegeben wird, erschienen in *Le Monde* vom 25. Juli 1959, in *La Table Ronde* Nr. 149, Mai 1960, und vor allem in *La Saison cinématographique,* 1960.)

Brief an Aragon

Mein lieber Louis,

Zwanzig Jahre des Streits und der Versöhnung, der Flucht und der Rückkehr haben aus unserer Freundschaft ein solides Bündnis gemacht, das selbst ein Jago nicht zertrennen könnte. Dieses schöne Band setzt sich aus zahllosen goldenen Fäden zusammen, die sich kreuzen, verflechten, gegeneinander laufen. Denn es gibt zwischen uns große Ähnlichkeiten und tiefe Unterschiede, kurz, die Kontraste, die Kämpfe der Schatten und Lichter, das Aufeinanderprallen der Perspektiven und die edlen Fehler (jene Wahrheit, die Goethe der Wirklichkeit gegenüberstellt), ohne die ein Kunstwerk nur Pleonasmus wäre und die Beziehungen zwischen Freunden nur eine Art freundschaftlicher Flirt.

Aus diesem Grund beantworte ich Deine Bitte um einen Artikel mit einem Brief, der – sei beruhigt – kürzer wird als die zahllosen Seiten, auf denen ich Dir meine Bewunderung für Deine herrliche *Semaine sainte (Die Karwoche)* zum Ausdruck brachte.

Du wolltest einen Artikel über meinen Film *Le testament d'Orphée*. Sicher wäre es besser, ich spräche mit Dir darüber, wie wir es manchmal bei Dir in der Rue de la Sourdière tun, in einem jener Monologe zu zweit, in denen es uns gelingt, gemeinsam zu sprechen und zu hören. Die unvergleichliche Elsa [Aragons Frau] steht auf: »Ihr laßt niemanden zu Wort kommen!« Und wir lachen und machen weiter, und wir rächen uns an jenem anderen obskuren Schwätzer, der uns unsere Werke diktiert und uns so wenig Freiraum läßt, miteinander Bälle zu wechseln. Das bringt mich dazu, Dir den Ärger anzuvertrauen, den mir die junge Muse *Kino* verursacht, die nicht warten kann wie ihre Schwestern, die den armen Dichter zum Antichambrieren verdammt und zu einem posthumen Leben.

Der Film sollte 1958 gedreht werden. Die Verzögerung kam daher, daß die Produzenten (nachdem sie zuerst begeistert waren, mit mir zu arbeiten) die Flucht ergriffen, als sie mein Drehbuch und meine Dialoge lasen (zuerst hatten sie mir gesagt, sie wollten sie nicht einmal vorher lesen). Einer von ihnen erklärte einem Journalisten, um zu begründen, warum er sich nicht an sein Ehrenwort hielt: »Ich kann keinen Film produzieren, in dem nichts geschieht.« Nun ja, ich finde, daß nichts in den Filmen dieses Produzenten geschieht. Leider gibt es freilich mehr Leute, die dieses Nichts gut finden, als solche, die den Reichtum der unseren verstehen. Das Relief der aktiven Bilder läßt sich nur schreiben.

Die Kunst beginnt in dem Augenblick, da der Künstler sich von der Natur entfernt. Doch während die Maler sich bis zur Abschaffung des Vorwands, des Motivs, des Modells von ihr entfernen, zwingt der Kinematograph die jungen Filmemacher durch einen Imperativ unkultivierter Kreise dazu, sich ein »Sujet« zu wählen, nach dem Vorbild der Maler des *Salon des Artistes français* von 1900 und des *Prix de Rome*.

Außerdem hat uns, Dir und mir, die Jugend so sehr geholfen, daß nun, so scheint mir, der Augenblick gekommen ist, ihr meinerseits zu helfen, indem ich ihr ein freies Werk gebe, das auf ihre ständig von der Routine enttäuschte Erwartung eingeht.

Das Geld, das ein Film kostet, und die Hast, es zurückzugewinnen, führen uns zu einem merkwürdigen Paradox: um zu überzeugen, muß sich die Jugend den alten Gewohnheiten unterwerfen, den Moden der Avantgarde, und erst das Alter erlaubt es kraft seiner Autorität, sich davon freizumachen und Werke von Jungen zu ersinnen. Die Ausstellung der *Ménines* von Picasso hat uns das wieder bewiesen.

Kurz, das Nichtwartenkönnen, das dem filmischen Stil zuwiderläuft, hat mir den Schwung genommen, hat mir die Augen für das Dunkel geöffnet, in dem das Beste von uns wohnt, hat in mir jene höhere Dummheit geweckt, die man Intelligenz nennt und die uns aus stehenden Angeklagten in sitzende Richter verwandelt und uns der unheilvollen Kontrolle der Kritik unterwirft.

So bin ich denn öffentlich geworden, verwirrt durch meine Spontaneität von gestern und, gleich Kiplings Kim, als er sieht, wie bei den Indern Wunder und Trick einander überlagern, versucht, meinen Text zu ändern, wohl wissend, daß dies ein absurdes Verbrechen gegen den Geist wäre.

Gegenwärtig besteht meine einzige Arbeit darin, den Teufel in mir zu besiegen, von dem jeder weiß, daß er durch das Blendwerk des *Brio* herrscht und die instinktiven Kräfte der Seele und des Herzens zerstört.

Die Dummheit, die ich mir vorwerfe: daß ich an das Vorrecht des Alters geglaubt habe, während ich bis zu meinem Tod (und wohl auch nach meinem Tod) ein einsamer Heckenschütze bleiben werde.

Der ich geboren wurde, der bleibe ich. Stehender Angeklagter vor behäbig dasitzenden Richtern.

Man wirft uns oft vor, lieber Louis, daß wir von uns sprechen. Aber wer könnte denn wohl die Dinge zurechtrücken in einer Zeit, da der einfache Handwerker, der ich bin, als ein Phantast gilt, ein Hansdampf in allen Gassen – ich, ein Mensch, der nie auch nur die kleinste Arbeit annimmt, ohne sicher zu sein, sie gut zu Ende zu führen? Und wenn die Treibjagd sich über meine Haken wundert, ist es dann nicht normal, daß ich mich an denjenigen wende, dessen großartige Beweglichkeit uns stets aufs neue überrascht?

(Offener Brief an Louis Aragon, *Les Lettres françaises,* 6. August 1959)

Die Gefahr für einen Film ist, daß er in die Sehgewohnheiten eingeht, ohne daß man ihm die Aufmerksamkeit widmet, die man einem Theaterstück oder einem Buch zuteil werden läßt. Denn er ist ein erstklassiges Vehikel für Ideen und für die Poesie, er kann die Zuschauer in Bereiche führen, die sie bislang außer im Schlaf und im Traum noch nie betreten haben. Ich habe oft gedacht, es wäre doch ökonomisch und wunderbar, wenn ein Fakir einen ganzen Saal hypnotisierte. Er würde ihm ein wunderbares Schauspiel vorführen und ihm darüber hinaus befehlen, es beim Aufwachen nicht zu vergessen. Ein wenig ist dies die Rolle der Leinwand: auf das Publikum eine Art Hypnose auszuüben und es einer großen Anzahl von Menschen zu gestatten, gemeinsam denselben Traum zu träumen. Bei uns ist das schwer zu erreichen, da jedes Mitglied einer Menge aus lauter Individualisten dem, was man ihm anbietet, einen instinktiven Widerstand entgegensetzt, und den Wunsch zu überzeugen als eine Vergewaltigung seiner Persönlichkeit ansieht.

Diesmal wollte ich keine Probleme lösen. Ich habe wie im Traum gedreht, ohne irgendeine Kontrolle, um die Erfahrung zu versuchen, meine Nacht ins volle Licht zu tauchen.

Aus der Distanz bemerke ich, daß dieser Film strenggenommen gar kein Film ist, aber daß er allein es mir ermöglichte, objektiv und sogar direkt zu machen, was in mir ist, ohne es ganz zu begreifen – jedes andere Vehikel des Denkens wie etwa das Schreiben würde mich, man errät es, zu einer Kontrolle durch die Intelligenz verpflichten, während der Film es erlaubt, ein Werk zu leben statt zu erzählen, und darüber hinaus das Unsichtbare sichtbar zu machen.

In *Le testament d'Orphée* ist mir eine derart perfekte Mischung von Wahrheit und Fabel, von Realismus und Irrealem gelungen, daß ich selbst verwirrt bin und es mir unmöglich wäre, den Knoten zu entwirren und eine Analyse zu versuchen.

Der Untertitel *»Fragen Sie mich nicht, warum«* zeigt an, daß ich unfähig wäre zu sagen, warum ich mich ganz und gar in ein Abenteuer gestürzt habe, das keinen der Imperative des Kinematographen befolgt.

Offensichtlich ist nur, daß der Film dank seiner Möglichkeiten, auf andere Zeiten zurückzugreifen und ihre engen Grenzen zu sprengen, die einzige Sprache war, die meine Nacht an den vollen Tag bringen konnte, auf einen Tisch, ins volle Licht. Übrigens beschränkte sich dieses Gefühl nicht auf mich. Maria Casarès zum Beispiel hatte den Eindruck, daß die Worte und die Gesten ihrer Rolle aus ihr kamen, und François Périer, der eine ziemlich ungebührliche Replik an mich gerichtet hatte, entschuldigte sich dafür, wobei er vergaß, daß ich sie geschrieben hatte – als ob er sich schämte, dafür verantwortlich zu sein. Seine außergewöhnliche Liebenswürdigkeit, wenn er sich an den Professor wendet, kommt daher, daß er Crémieux sehr liebt und daß er sich mehr an Crémieux wendet als an den Gelehrten, den Crémieux darstellt.

Den ganzen Film hindurch gab es diese Dualität, diese Mischung, die ich in der übersinnlichen Welt mit dem folgenden Phänomen vergleichen könnte: wenn man eine Kugel auf der Spitze der gekreuzten Mittel- und Zeigefinger balanciert, glaubt man, daß man nicht eine spürt, sondern zwei.

Edouard Dermit spielt wie ich seine eigene Rolle (und gleichzeitig die Rolle des Cégeste, die er in *Orphée* spielte), Maria Casarès und Périer finden ebenfalls ihre Rollen aus *Orphée* wieder, aber sie wissen nicht oder tun so, als wüßten sie nicht, wer Cégeste ist. Sie besuchen mich vielleicht aufgrund der geheimnisvollen Bänder, die einen Autor an die Geschöpfe seiner Vorstellung binden. Ich verkenne nicht, daß ich vom Publikum eine große Anstrengung fordere, und daß es lächerlich wäre zu behaupten, die Zuschauer würden sich der Mühe unterziehen und ein Knäuel entwirren, das ich selbst nicht entwirre.

Allerdings geschieht es, daß man sich von einer rätselhaften Atmosphäre verzaubern läßt (von der des Traums unter anderem), und ich glaube, daß ein Werk neugierig machen kann, ohne verstanden zu werden, daß es fesseln kann, ohne daß man es kreuz und quer durchrechnet und der Prüfung durch den Goldenen Schnitt unterzieht.

Je irrealer ein Film ist, desto mehr Realismus braucht er, um zu überzeugen. Strenggenommen sind die Gewohnheiten dem Realismus behilflich: sie können die Leere auffüllen und die Fehler korrigieren.

Wenn das Werk allerdings mit absichtlichen Fehlern gemacht worden ist, so müssen diese Fehler unbedingt sanktioniert werden, das heißt, sie müssen so unbestreitbar gemacht werden, daß sie exemplarisch werden. *So große Fehler machen, daß sie aufhören, Fehler zu sein.*

Diese Lektion habe ich von Picasso gelernt, der sich mehr und mehr damit befaßt, Fehler zu sanktionieren, ihnen ein solches Relief zu geben, daß sein Werk keine Kopie der Natur mehr ist, sondern eine Form aus einem höheren Reich, das vom Menschen beherrscht wird.

Dies war meine Regel für *Le testament d'Orphée.* Und selbst als die Distanz eine Kontrolle durch die Intelligenz ins Spiel brachte (die schlimmste Feindin der Dichter), setzte ich mich darüber hinweg.

(*Arts,* 10. Februar 1960)

Brief an François-Régis Bastide

Mein lieber Régis,
Was mir diesem Film einen neuen Stil zu geben scheint, ist, daß ich nach dreißig Jahren des Suchens Handlungen organisieren konnte, wie man Worte organisiert, um ein Gedicht zu konstruieren.

Das ist eine irgendwie alchimistische Erfahrung, eine Transmutation des Wortes in Handlung.

Es kam schon vor, daß man Worte poetischer Qualität über eine Handlung gelegt hat. Hier sind die Worte unwichtig, nur das Handeln zählt. Die Szenen fügen sich ineinander, indem sie mehr den Sinn von Zeichen als von regelrechten Bedeutungen annehmen. Ich erzähle nichts. Ich lasse die Ereignisse einfach den Weg gehen, den sie gehen wollen. Doch anstatt wie im Traum jede Kontrolle zu verlieren, feiere ich die Hochzeit von Bewußtem und Unbewußtem, aus der dieses schlimme und köstliche Ungeheuer hervorgeht, das man *Poesie* nennt.

Der größte Irrtum, den man seit Jahrhunderten immer wieder begeht: daß man dieses Ungeheuer mit seiner Nachäffung verwechselt. Mit seinem chinesischen Schatten. Mit dem *Poetischen,* das mit der *Poesie* ebensowenig zu tun hat wie »die lächerlichen Hofdamen« mit Madame de La Fayette.*

Ich habe für diesen Film, in dem ich das Denken Stein werden zu lassen trachte, Orte gewählt, die echte *»fontaines pétrifiantes«*** sind, geheimnisvolle Gewässer, die – ich wiederhole es – Texte in Handlung

* »*Les précieuses ridicules*«: Anspielung auf das Stück von Molière. – Marie-Madeleine de La Fayette, französische Schriftstellerin (1634 bis 1693), Autorin des Romans *La princesse de Clèves.*

** Wörtlich: versteinernde Springbrunnen.

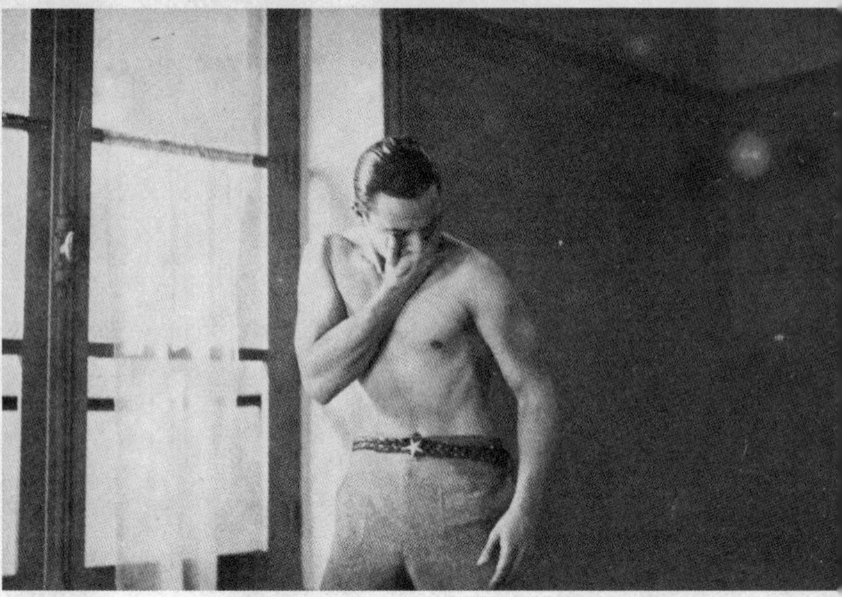

Le sang d'un poète (vorige Seite)

Le sang d'un poète – Enrique Rivero (oben)
Bei den Dreharbeiten zu *L'Aigle à deux têtes* – (rechte Seite)
oben: Jean Cocteau und Yvonne de Bray
unten: Jean Cocteau und Jean Marais

L'Aigle à deux têtes – Edwige Feuillère und Jean Marais

L'Aigle à deux têtes – Edwige Feuillère und Jean Marais

La belle et la bête – Josette Day (oben)
La belle et la bête – Josette Day und Jean Marais (rechte Seite)

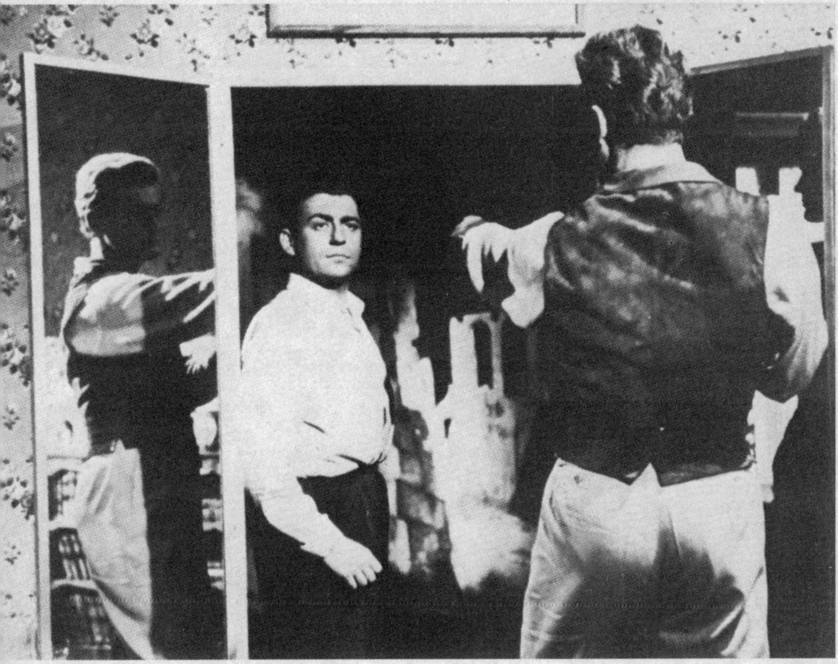

Les parents terribles – Jean Marais (linke Seite)
Orphée – Jean Marais und François Périer (oben)

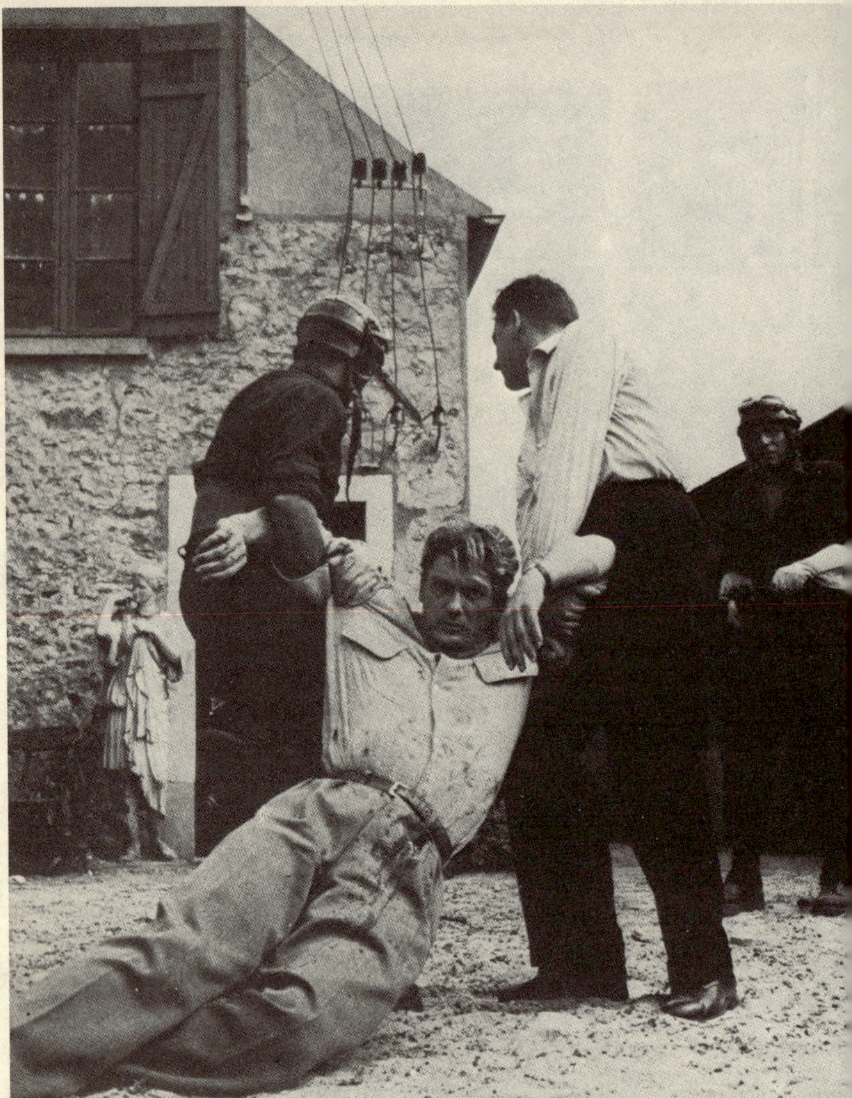

Orphée – Jean Marais

Bei den Dreharbeiten zu *L'Eternel retour* – Jean Marais, Jean Cocteau und Madeleine Sologne

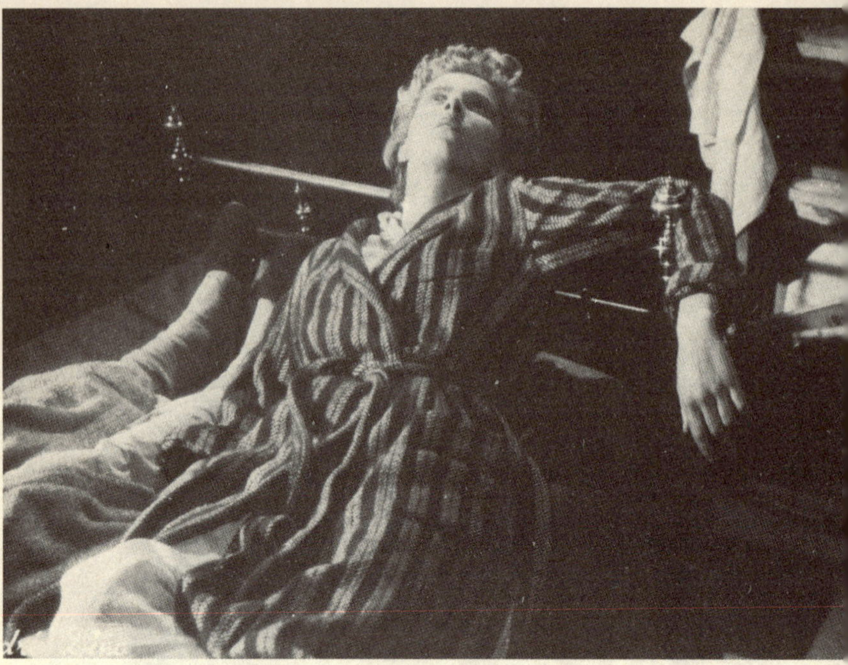

Vorige Doppelseite:
Les enfants terribles – Nicole Stéphane (links oben)
Thomas l'imposteur – Edouard Dermit und Fabrice Rouleau (links unten)
Le testament d'Orphée – Jacqueline Roque-Picasso, Louis Dominguin, Pablo Picasso und Lucia Bose (rechts oben)
Le testament d'Orphée – Jean Marais und Jean Cocteau (rechts unten)

Jean Cocteau bei den Dreharbeiten zu *Le testament d'Orphée (diese Seite)*
Le testament d'Orphée – Jean Cocteau (rechte Seite)

Schlußseite:
Le testament d'Orphée – Jean Cocteau und Edouard Dermit

verwandeln können. Zum Beispiel das Höllental von Baux-de-Provence, das so genannt worden ist, weil Dante dort wohnte und die Inspiration zur *Göttlichen Komödie* dort fand. Oder das Studio Victorine, in dem ein paar Zutaten genügen, um einen bedeutungsvoll von Weite umgebenen Raum zu schaffen – das chinesische Theater gibt uns dafür ein Beispiel, oder auch unser Zimmer, das wir uns außerhalb des Zimmers vorstellen, in dem wir dösen und die Augen schließen.

Man hat sich bemüßigt gefühlt, von Stars zu sprechen, die sich dazu herabließen, in meinem Film aufzutreten. Man irrt. Das Irreale hat Gesetze, die strenger sind als der Realismus, denn dem Realismus hilft die Gewohnheit, während das Irreale aufgrund seines ungewöhnlichen Charakters eine außerordentliche Genauigkeit im kleinsten Detail erfordert. In *Le testament d'Orphée* gibt es sehr wenig Figuren. Doch nichts ist schwieriger zu spielen als kurze Rollen, denn nur das große Talent kann das Relief schnell finden, das das kleine Talent nur langsam findet. Die berühmten Freunde, die auf meine Bitte eingingen, haben Rollen akzeptiert, die viele unbekannte Künstler zurückgewiesen hätten. Doch es wird keinen Vorspann geben, mag sie erkennen, wer will, und wenn sie spielen, so nicht, weil sie berühmte Künstler sind, sondern weil sie meine Freunde sind. Sie wissen, daß ich mit ihnen genau so umgehe wie mit den Technikern, den Elektrikern, dem Kameramann und seinem Assistenten, wie mit dem bewunderswerten und trefflichen Claude Pinoteau, meiner rechten Hand, kurz, wie mit dem ganzen Team, in dem auch der kleinste Angestellte das handwerkliche Talent hat, ohne das ein Film eine bloße Aneinanderreihung von Bildern bliebe.

Außerdem war mein Film nicht reich genug, um reiche Schauspieler zu bezahlen. Ich mußte mich also an Freunde wenden, die es akzeptieren würden, umsonst zu drehen. Und es fand sich, daß diese Freunde berühmte Schauspieler waren. Das ist das ganze Geheimnis. Die Armut war meine Chance.

Ich verachte das Pittoreske, das Phantastische, das Poetische, die Symbole, all jene alten Rettungsanker, an die sich das Publikum klammert, wenn es im geringsten aus seiner alltäglichen Bequemlichkeit in das Meer der Dinge fällt, die es verstören und denen es aus dem Weg geht, aus Angst, von ihnen hinabgerissen zu werden.

Es gibt nichts schöneres als den Schiffbruch, den Ungehorsam gegenüber den toten Regeln, den Unfall, die Fehler, sofern der Mensch stark genug ist, sie zu sanktionieren und sie exemplarisch zu machen. Ein Fehler ist nicht länger ein Fehler, wenn derjenige, der ihn macht, ihn in das verwandelt, was Baudelaire »den neuesten Ausdruck der Schönheit« nannte.

Das Schwierige für ein Werk liegt darin, daß dieser neueste Ausdruck der Schönheit die alten Gewohnheiten durcheinanderbringt, die Spielregeln ändert und auf den ersten Blick der Häßlichkeit gleicht, einem Geschlecht vom Haupt der Medusa. Mit dem Kinematographen verschärfen sich die Dinge, denn die junge Muse Kino weigert sich gleich ihren neun Schwestern, darauf zu warten, daß die neue Schönheit langsam in die Seelen dringt und sie zu überzeugen beginnt. Sie will, daß man in ihr den Kult des Unmittelbaren bewundert, der Hast und des Auto-Stop, jener Verbrechen gegen den Geist unserer ungeduldigen und turbulenten Zeit. Sie ist verschwenderisch und möchte ihr Geld rasch zurückhaben. Sie nimmt nicht zur Kenntnis, daß die Jugend flüchtig ist, und sie stellt sich vor, daß es eine stete Jugend gibt, so wie es das stete Alter gibt. Sie wird noch lange brauchen, um ihre Priesterwürde zu verstehen, um jene zehnte Muse zu werden, die, den anderen Musen und der Gottesanbeterin gleich, jene verschlingt, die sie liebt, damit ihr Werk an ihrer Statt lebt.

Ich bin kein Filmemacher. Ich bin ein Dichter, der die Kamera als ein Vehikel benutzt, das es allen ermöglicht, gemeinsam ein und denselben Traum zu träumen – einen Traum, der nicht Traum im Schlaf ist, sondern Wachtraum, der nichts anderes ist als jener irreale Realismus, jenes Wahrere als das Wahre, das man eines Tages erkennen wird als das wahre Kennzeichen unserer Zeit.

(*Les Lettres françaises,* 11. Februar 1960)

Der Film ist (außer einem inneren Selbstporträt) nichts anderes als eine Übersetzung dessen in meine Sprache, was ich mir unter einer *orphischen Weihe* vorstelle. Unter diesen Weihen (analog der im Tempel von Eleusis) ist die Weihe der Freimaurer gleichsam ein Zerfall jenes Zeremoniells, das bis zur Androhung des Todes ging (Minerva und ihr falscher Tod). Sogar Descartes, gegen den ich eine Abneigung habe, die ich nicht verhehle – ich rechne ihn unter die Rotröcke jener Hetzjagd, die den Dichtern zusetzt –, sogar Descartes beschäftigte sich mit geheimen Kulten, mit finsteren Mächten, und gehörte zum Orden der »Rosenkreuzler«.

Doch dem geschlossenen Kreis von Descartes oder von Voltaire und den Enzyklopädisten stelle ich den halboffenen Kreis eines Pascal oder eines Jean-Jacques [Rousseau] entgegen, trotz allem, was Jean-Jacques an Langweiligem und an naivem Schwulst anhäufte.

Ich bin der typische Anti-Intellektuelle, und mein Film ist dafür der Beweis. Ich habe ihn mir zunächst in jenem Zwielicht vorgestellt, jenem Halbschlaf, der es unserer Nacht erlaubt, sich wie ein Betrüger ans volle Tageslicht zu schleichen. (Sich durch den Zoll der Intellektuellen schmuggeln, durch die Kontrolle der verbotenen Waren.) Anschließend und auf Dauer haben mich kommerzielle Widrigkeiten und die Schwierigkeit, eine kleine Summe aufzutreiben (sehr verdächtig für jene, die sich mit den großen abgeben), von meinem Gegenstand entfernt, und dieser Gegenstand erschien mir aus der Distanz so unbegreiflich, so fremd, so töricht wie jenen Ausverkaufshändlern, die vorgeben, das Publikum zu kennen und zu wissen, was es will.

Mein ganz neues Team beschämte mich, erfüllte mich mit Scham darüber, daß ich mich durch die Kontrolle der Intelligenz (die schlimmste Feindin der Dichter) besiegen ließ. Denn dieses sehr schlichte Team (Elektriker und Techniker) fand es normal, sich gerade für die Episoden besonders einzusetzen, für die ich mich fast geschämt hätte. Diese Menschen repräsentierten die wunderbare Unschuld, die ich zu verlieren begann.

Ich wagte es nicht, meine eigene Rolle zu spielen: sie bemühten sich, mich davon zu überzeugen, daß kein anderer sie an meiner Stelle spielen könnte. Kurz, aus Respekt für die Begeisterung und den Mut des Teams, aus Dankbarkeit für ihr Vertrauen und ihre Liebenswürdigkeit habe ich die verlorene Kindheit wiedergefunden. Ich war irgendwie gealtert während der ermüdenden Suche nach Geld, das mir die Produzenten massenhaft anboten – bis zu dem Augenblick, als sie mein Drehbuch und meine Dialoge sahen.

Ein gutes filmisches Werk untersteht nicht der Tinte, und es ist wichtig, auf der Hut zu sein vor der Verführung durch eine Geschichte, die auf der Leinwand zerfällt.

Als man mich fragte: »Was erwarten Sie von diesem Film?«, antwortete ich: »Ich habe ein viel zu großes Vergnügen daran, ihn zu machen, als daß ich von ihm etwas anderes erwarte und mehr erhoffe.« Inzwischen haben mir einige Wochen überfüllter Säle, voll mit Jugend, ein anderes Vergnügen verschafft. Nämlich den Beweis dafür zu haben, daß »die Jugend, die sich für nichts interessiert« ein Märchen ist, und wenn die Jugend den Eindruck erweckt, sich für nichts zu interessieren, dann vielleicht deswegen, weil man ihr nicht gibt, was sie fordert und was sie interessiert.

Wenn die Deutung eine Muse ist (und insbesondere eine deutsche Muse), so gibt es auch eine Gefahr der Deutung. Ein Dichter muß akzeptieren, was die Nacht ihm diktiert, wie ein Schläfer den Traum akzeptiert. Und ohne Kontrolle, wie im Traum. Es ist also evident, daß er viel mehr sagt, als er zu sagen glaubt, und es ist richtig, daß man sein unbewußtes Werk eingehend untersucht, so wie Freud und Jung im Traum die wahre Persönlichkeit eines Individuums suchten. Allerdings bleibt die Gefahr, daß man zuviel sucht und dabei, wie es den Psychoanalytikern unterläuft, Beziehungen herstellt, die in den Fehler der Intellektuellen zurückfallen. Ich stelle das leider sehr oft bei jenen Artikeln fest, in denen die Jungen sich mir gegenüber äußerst liebenswürdig zeigen. Ich will ja gerne ein Erotomane sein und ein Verbrecher, der sich selber nicht kennt, aber es ist lächerlich, Kunst ausgerechnet dort sehen zu wollen, wo ich sie vermeide, und einem Werk Zeichen und Symbole aufzubürden, dessen Adel gerade daher rührt, daß es nirgends auf sie zurückgreift.

Le testament d'Orphée hat nichts mit Träumen zu tun. Der Film borgt sich vom Traum den Mechanismus, das ist alles. Denn die Wirklichkeit des Traums führt uns in Situationen und Verwicklungen, die uns trotz ihrer absurden Herrlichkeit nicht überraschen. Wir folgen ihnen ohne die geringste Überraschung, und wenn die Herrlichkeit ins Tragische umschlägt, haben wir keinerlei Möglichkeit, ihm zu entgehen, es sei denn durch das Aufwachen, das uns jedoch nicht verfügbar ist. Der Film erlaubt es einer großen Anzahl von Menschen, gemeinsam denselben Traum zu träumen, und dieser Traum, der kein Traum ist, sondern eine höhere Wirklichkeit, darf dem Zuschauer nicht erlauben aufzuwachen, das heißt unser Universum zu verlassen und in das seine zurückzukehren, denn dann wird er sich ebensosehr langweilen wie einer, dem wir unsere Träume erzählen. Und hier beginnt die Schwierigkeit: die kleinste Länge, das kleinste Nachlassen der Spannung, die kleinste Unaufmerksamkeit, und der Zuschauer entrinnt der kollektiven Hypnose, und seine Flucht könnte ansteckend sein und die anderen mitreißen. Das war es, was ich befürchtete, doch zu meiner großen Überraschung konnte ich feststellen, daß mein Publikum – nach allem, was man mir berichtet – aufmerksam ist und weder absichtlich noch unabsichtlich jenem Fakir widersteht, zu dem eine Kinoleinwand mit ihrem Licht und mit den Bildern, die auf ihr ablaufen, werden muß.

Es belustigt mich, wenn man mir Schwindeleien und Tricks vorwirft: sie nicht zu verwenden hieße, die Filme um ihr größtes Privileg zu bringen, nämlich das Irreale mit der Evidenz des Realismus zeigen zu können. Man fragt sich, warum ich auf die Mittel verzichte, über die nur der Kinematograph verfügt, und warum ich bei dieser Rechnung nicht das Buch oder das Theater benütze, vorbehaltlich der Ausflüchte und Listen, die verhindern können, daß das Theater nur eine platte Imitation des Lebens ist.

Unsere Epoche neigt dazu, das Langweilige für das Seriöse zu halten und alles zu verdächtigen, was sie nicht daran erinnert, daß sie eine erwachsene Epoche ist, der es nicht ansteht, sich zu unterhalten. Das ist das Resumee des berühmten Satzes, den wir, Picasso und ich, einen Zuschauer nach dem Skandal der *Parade* sagen hörten: »Wenn ich gewußt hätte, daß das so dumm ist, hätte ich meine Kinder mitgebracht.« Glauben Sie nicht, daß ich jene Filme verachte, die aus dem Leben gegriffen sind, oder die wenigstens dank einer Art von Genie vorgeben, aus dem Leben gegriffen zu sein. Die Szene im Zimmer, in [Godards] *A bout de souffle* und das psychiatrische Verhör in [Truffauts] *Quatre cents coups* sind unvergeßliche Meisterstücke. Um nichts auf der Welt möchte ich, daß man glauben könnte, ich wolle mich als Beispiel hinstellen und etwa verlangen, daß man mir folgt. Das *Testament* ist die Inszenierung eines Bereichs, der mir eigen ist und der langweilig wäre, würde er zu einem Genre. Ich bin ein Dichter, der den poetischen Stil und die poetische Sprache verabscheut, der sich jedoch nicht anders artikulieren kann als durch die Formen der Poesie, das heißt durch die Verwandlung von Chiffren in Zahlen und Gedanken in Handlungen. Ich habe den Film *Les parents terribles* gemacht, weil es ein Problem zu lösen gab: ein Theaterstück zu verfilmen, ohne etwas zu ändern, und doch so, daß es sich in den Kinematographen verwandelt. In *Le testament* galt es, das Problem zu lösen, die Schamlosigkeit umzukehren, indem ich mich meines Körpers entkleidete, um meine nackte Seele zu entblößen.

Alain Resnais schrieb mir: »Welche Lektion der Freiheit geben Sie uns in allem!« – ein Satz, auf den ich stolz bin. Unsere Richter behandeln diese Freiheit eher als Kinderei. Können sie, unsere Richter, unbeschwert über tiefes Wasser schreiten? Wissen sie, in Modernismen verliebt, daß man bald lächeln wird über die ersten Ritter des Weltraums wie über die ersten Automobilisten mit ihren großen Brillen und Ziegenfellen? Kennen sie das Drama, Richter zu sein? Wissen sie, daß das gute Gewissen darin besteht, sein Wissen zu vergessen? Resnais, Bresson,

Doniol-Valcroze, Franju, Truffaut, Langlois und ihr Kritiker, ihr zahllosen Jungen, die ihr mir Briefe schreibt, die ich liebevoll aufbewahre – auf welche Weise soll ich euch dafür danken, daß ihr meine lange Einsamkeit getröstet und mir wieder Mut zum Leben gemacht habt?

PS. Als ein Journalist, nachdem er mich durch pertinente und impertinente Fragen ermüdet hatte, schließlich von mir wissen wollte: »Wohin führt Sie Cégeste am Ende Ihres Films?«, konnte ich ihm nur antworten: »Dahin, wo Sie nicht sind.«

Aber man darf diese Abreise nicht mit dem Tod verwechseln. Ich gehe davon in ein anderes Universum, das ich eines Tages gern wieder verlassen werde, murmelnd, was einmal einer nach einer Vorführung auf der Straße rief: »Ich habe überhaupt nichts verstanden, ich verlange mein Geld zurück.«

Die Daten

Talleyrand sagte: »Verrat ist eine Sache des Datums.« Erfolg auch. Wahrscheinlich ist *Le testament* zur rechten Zeit gekommen, im Gegensatz zu meinen anderen Filmen: *Le sang d'un poète* stellte sich dem Surrealismus entgegen, als er gerade en vogue war. *La belle et la bête* fiel völlig mit dem italienischen Neorealismus zusammen und *L'Aigle à deux têtes* mit der psychoanalytischen Periode, *Orphée* kam vor *Orfeu Negro,* und nach dem allgemeinen Erfolg, den Jean Marais in *Le Bossu* hatte, wäre die Reprise von *Ruy Blas,* die durch ihre Westlichkeit schockierte, zweifellos ein Triumph gewesen. Nach dem *Testament* würde man die wunderbare Interpretation von Dermit in *Les parents terribles* entdecken. Aber wo sind die Filme von einst?

(*Cahiers du Cinéma,* Juni 1960)

L'Eternel retour (Der ewige Bann)

Seit langem hänge ich diesem Traum nach: das Thema von Tristan und Isolde in unsere Zeit zu verlegen. Das Theater und das Buch setzten mir unüberwindliche Hindernisse entgegen. Da ich mich viel im Arbeitsmilieu der erstaunlichen Märchenfabriken des Kinematographen aufhalte, stellte ich fest, daß der Film das einzige Vehikel war, um zwischen Realem und Irrealem das Gleichgewicht herzustellen, um eine moderne Geschichte zur Legende zu überhöhen. Dank des Vertrauens von André Paulvé, dank der Freundschaft Jean Delannoys konnte ich versuchen, das Problem zu lösen.

In Wirklichkeit ist der Text in einem Film nicht sonderlich wichtig. Es kommt darauf an, ihn unsichtbar zu machen. Das Primat des Auges vor dem Ohr zwingt den Dichter dazu, schweigend zu erzählen, die Bilder in einen Zusammenhang zu setzen, ihre kleinste Abweichung und ihr kleinstes Relief vorauszusehen.

Was wäre aus mir ohne Delannoy geworden, der diese Zusammenarbeit wünschte, und der mich bat, ihn bis zur Montage und zur Mischung zu begleiten; und ohne Rogert Hubert, dessen Kamera durch unser Auge und unser Herz aufnahm.

Ich benütze diese kurzen Zeilen, um der Firma zu danken, den Künstlern, Georges Auric, dessen wunderbare Musik den letzten Faden zerschnitt, der uns noch an die Erde band, und dem ganzen unvergleichlichen Team, vom Dekorateur bis zum letzten Techniker.

(*Aspects*, 5. November 1943)

Ich habe sehr über gewisse Artikel aus London gelacht, in denen man *L'Eternel retour* nachsagt, von germanischem Geist zu sein, wegen der blonden Helden und, so vermute ich, wegen der Wagneroper. Dabei ist *Tristan,* der in *L'Eternel retour* paraphrasiert wird, ein Werk, das ebenso zu England gehört wie zu Frankreich. Isolde geht an der Themse an Bord, um sich mit dem sterbenden Tristan zu vereinigen, und man stellt sich Tristan und Isolde nicht dunkel vor, ebensowenig wie man sich eine blonde Carmen vorstellt.

Ich gehöre zu der Generation, die gegen den Wagnerianismus kämpfte. Ich bin jetzt in dem Alter, und ich beglückwünsche mich dazu, in dem man die Waffen aus der Hand legt. Ich lasse mich auf den Wellen Wagners tragen, ich lasse seinen Zaubertrunk wirken. Daß ich nicht einmal im Traum daran gedacht habe, mich seiner zu bedienen, ist nicht auf einen lächerlichen Anti-Germanismus zurückzuführen, sondern auf meinen Respekt vor seinem Werk.

Es gibt sehr wenige große Liebesgeschichten, Triumphe eines Paares. *Tristan* ist ein Beispiel dafür. Ich wollte eine überall bekannte Legende in den Rhythmus unserer Epoche bringen, und ich wollte beweisen, daß sich die ewige Wiederkehr Nietzsches über die Jahrhunderte hinweg in der ewigen Wiederkehr von Zufällen äußern konnte, von Überraschungen, Hindernissen und Träumen, indem sie eine Verwicklung hervorruft, die andere Personen erneut durchleben, ohne sich dessen bewußt zu sein.

Ich bestehe darauf zu sagen und wieder zu sagen: das Wunderbare und die Poesie beschäftigen mich nicht. Sie müssen mich aus dem Hinterhalt überfallen. Sie dürfen nicht auf meinem Plan stehen. Wenn ich meine, daß ein schattiges Gelände sie besser schützt als ein anderes, mogle ich. Denn es kann sein, daß ein freier Weg, mitten in der Sonne, sie besser schützt.

Deswegen halte ich ebenso daran fest, in der Familie der Schönen zu leben wie im Schloß des Untiers *(La belle et la bête)*. Deswegen ist mir märchenhaftes Verhalten wichtiger als das Märchen an sich.

Deswegen ist unter anderem die Episode der Sänften im Hühnerhof – eine Episode, die keinerlei Trugbild beschwört – meines Erachtens bedeutungsvoller als irgendeine Künstlichkeit im Schloß.

In *Le sang d'un poète* verwirrt das Blut, das durch den Film fließt, unsere Richter. Was soll das, fragen sie sich, uns anzuwidern, uns vorsätzlich zu schockieren? Das Blut, das uns anekelt, zwingt uns dazu, den Kopf wegzudrehen, es hindert uns, Einfälle zu genießen (unter *Einfällen* verstehen sie: den Auftritt durch den Spiegel, die Statue, die sich bewegt, das Herz, das schlägt). Doch welches Band gibt es zwischen diesen Erschütterungen, die sie aufschrecken, frage ich Sie, wenn nicht das Blut, das fließt und das meinem Film den Titel gab? Sie nehmen nur noch die Pointen wahr. Das macht sie aufgeregt, rastlos, läßt sie von Meinung zu Meinung und von Ort zu Ort rennen.

In *L'Eternel retour* scheint ihnen das Schloß der Liebenden der Poesie gemäß zu sein, nicht aber die Garage des Bruders und der Schwester, sie verurteilen sie. Merkwürdige Dummheit. Denn gerade in dieser Garage funktioniert die Poesie am besten.

Denn um die Hingabe des Bruders und der Schwester zu verstehen, um ihre angeborene Unschuld und Anmut zu sehen, berührt man sie mit dem Finger, und ich nähere mich schrecklichen Geheimnissen der Liebe.

Was den Kinematographen betrifft, so glaube ich, daß der Fortschritt seiner Seele nicht von einem Fortschritt seiner Maschinen abhängt. Im Gegenteil, es scheint, daß der Reichtum und die Leichtigkeit der Arbeit ihm das Drama nehmen und gleichsam seine Fähigkeit zur Hypnose auslöschen.

Hier liegt unsere letzte Chance: in einem Land, in dem die Elektrizität fehlt, in dem die Lampen schlecht funktionieren, in dem unsere Mikrofone und unsere Apparate alten Autobussen gleichen. Unsere

Einbildungskraft und die der Arbeiter, die erstaunlich ist, müssen das fehlende Material ersetzen. Das verpflichtet uns zur Arbeit und enthebt uns jeder Möglichkeit zur Trägheit.

In Wirklichkeit gehe ich weiter. Der Kinematograph wird, weil er den unmittelbaren Erfolg verlangt, jenen großen Verlagshäusern immer ähnlicher, die dazu neigen, von den Autoren immer nur solche Romane zu verlangen, die sie gut verkaufen können.

Deswegen wende ich mich dem 16-mm-Format zu, einer perfekten Waffe, mit der der Dichter die Schönheit einfangen kann – allein, frei, sein Gewehr zur Aufnahme auf der Schulter.

Ein Gegenmodell (Amerika bietet uns außerordentliche Beispiele) wird diese bescheidenen Unternehmen für alle zugänglich machen.

Ich habe gerade einen solchen Film in meinem Garten gedreht. Ich habe dabei die Schärfe und völlige Freiheit meiner Jugend wiedergefunden, in der ich nichts über das Metier wußte und mir alles erfand.

Unter uns, ich ziehe dieses Ausdrucksmittel den großen Unternehmen vor, die uns mit zahllosen Verantwortlichkeiten erdrücken und die zuviel einsetzen. Den offiziellen Werken müssen sich die marginalen Werke hinzugesellen, die geheimen Werke, die stets den geheimen Ruhm unseres Landes ausgemacht haben, in dem Rimbaud erglänzt.

L'Eternel retour ist ein Film, in dem ich nur eine freundschaftliche Aufsicht führte. Delannoy inszenierte ihn. Ich danke dem ganzen Team und Madeleine Sologne, für die ich eine Frisur erfand, ohne zu wissen, daß Veronika Lake sie im selben Augenblick in Hollywood erfand, und Jean Marais, der in der letzten Rolle des Films die höchsten Gipfel erreicht, nach denen ein Schauspieler trachten kann.

Der Kinematograph ist gerade fünfzig Jahre alt. Für eine Muse ist das sehr jung. Er macht noch seine ersten Schritte. Er ist nach meiner Ansicht auf dem Weg, die totale Kunst par excellence zu werden, ein Theater der Massen, dem weder die Musik noch der Tanz noch die Sprache noch die griechische Maske (die Nahaufnahme) noch das Murmeln, das Hunderte von Ohren hören können, noch etwas von dem fehlen, was das Drama ausmacht. Doch damit ihn der Autor gut anwenden kann, darf er ihn nicht verachten, ja muß er sich ihm mit Körper und Seele verschreiben. Das Papier, das Zelluloid und die unbequeme Erde, auf der wir leben, werden vergehen. Möge der menschliche Hochmut sich dies vor Augen halten und sich nicht länger davor fürchten, sich in Bildern auszudrücken, weil diese Bilder angeblich weniger dauerhaft sind als Geschriebenes. Nichts altert besser als ein guter Film.

III. Skizzen

Über Schauspieler und Regisseure

Brigitte Bardot

Ich habe der Geschichte stets die Mythologie vorgezogen. Die Geschichte ist aus Wahrheiten gemacht, die zu Lügen werden, die Mythologie aus Lügen, die zu Wahrheiten werden. Eines der Zeichen unserer Zeit ist es, in allen Bereichen unmittelbar Mythen zu schaffen. Die Presse bemüht sich darum, gewisse Personen zu erfinden, die es gibt, und sie in ein imaginäres, dem ihren überlagertes Leben zu hüllen.

Brigitte Bardot bietet uns ein perfektes Beispiel dieser sonderbaren Mischung. Wahrscheinlich hat das Schicksal sie an genau den Platz gestellt, an dem Traum und Wirklichkeit ineinanderfließen. Ihre Schönheit, ihr Talent sind unbestreitbar, doch sie besitzt etwas Unbekanntes, das die Götzenanbeter einer gottlosen Zeit herbeilockt.

(*Stop,* Oktober 1962)

André Bazin

Gesundheit und täglicher Kram machen mir das Schreiben sehr schwer. Aber ich lebe noch.

Ich habe André Bazin geliebt wegen dieser Zerbrechlichkeit, die ihn uns nun wegnimmt. Sein Wissen, auf das ich oft zurückgriff, war nie pedantisch.

Er konnte lieben, und er lehnte sich nicht von vornherein auf gegen das, was seine Disziplin überstieg. Ich habe ihn bei der Arbeit gesehen, mitten in dieser Schachermesse des Festivals von Cannes. Er war ein Schatten. Doch dieser Schatten hatte eine seelische Kraft, und ich konnte mich auf sie stützen, ohne erleben zu müssen, daß dieser Schatten sich in ein politisches Schweigen verwandelte. Er billigte meine Methode, die darin besteht, nie in die Rolle des Richters zu schlüpfen. Kurz, er stand auf der

Seite der Angeklagten. Denn er wußte, daß man häufig genug die Unschuld anklagt, und daß man in der Kunst (besonders in der des Kinematographen) am meisten unter dem Mangel an Unschuld leidet.

André Bazin war adlig und rein und der Niedertracht unzugänglich. Wie es mir auch mit Robert Bresson geht: ich würde es hassen, eine Filmarbeit zu unternehmen, ohne ihn um Rat zu fragen.

Jetzt bin ich allein und traurig.

(*Cahiers du Cinéma,* Januar 1959, aus Anlaß des Todes von André Bazin)

Charlie Chaplin

Wenn ich die alten Streifen von Charlie Chaplin ansehe, ist mein Lachen nicht mehr dasselbe. Ich denke an Kafka.

Es war nicht verwunderlich, daß seine Höhenlinie, die ihren Gipfel mit *Goldrausch* erreichte, bei dem bewundernswerten *Monsieur Verdoux* endete.

Warum, fragte ich ihn eines Tages, bist du traurig?

Weil ich, antwortete er, reich geworden bin, indem ich einen Armen spielte.

Doch obwohl er das Unsichtbare allen sichtbar gemacht hat, bewahrt er sich einen Schatten, den nichts gefährden kann.

Dieser Schatten wird seine letzten Filme umhüllen. Er wird diejenigen von ihnen fernhalten, die ihm vorwerfen, darin eine Zuflucht zu suchen.

(*Les Lettres françaises,* 3. April 1952)

Mein Freund Charles,

Ist es nicht merkwürdig, daß die Tücke der Menschen ein Wunder zwingt, *sich zu erklären?* Es in die Enge zu treiben, es nicht auf das Schweigen, sondern auf Worte zu reduzieren? Ist es nicht merkwürdig, daß die Tücke der Menschen ein Tier von »märchenhafter Eleganz« in eine Falle treibt (oder, wenn Du so willst, in eine große Kiste)?

Eines Tages, auf dem chinesischen Meer, hast Du mir anvertraut: »Wieviele Fußtritte habe ich gebraucht, bis ich sagte, was ich sagen wollte!« Gleich nachdem Du mir das anvertraut hattest, kam ein

Unbekannter an unseren Tisch und gab Dir einen großen Klaps auf die Schulter. Bleich wie das Tischtuch sagtest Du: »Das ist es, was ich ernte.« Ich fand diese Episode in *Rampenlicht* wieder.

Am Eingang der Kinos, die Deinen Film bringen, wird angekündigt: »Die erste große dramatische Rolle von Charles Chaplin.« Was hast Du je anderes gespielt als dramatische Rollen? Du, der Landvermesser aus Kafkas *Schloß*.

Ich umarme Dich.

(*Cinéisme*, 31. Januar 1953)

James Dean

Ungehorsam kann als der größte Luxus der Jugend gelten, und nichts ist schlimmer als jene Epochen, in denen eine zu freie Jugend keinerlei Chancen hat, ungehorsam zu sein. James Dean stellt in meinen Augen eine Art Erzengel des Ungehorsams, der Auflehnung gegen die alten Gewohnheiten dar. Und ist nicht sein schönster Akt des Ungehorsams die schreckliche Absage, die sein Tod dem Ruhm erteilt, der ihm versprochen war? Er hat sich sozusagen aus der Welt davongemacht wie ein Schüler, der sich durchs Fenster aus dem Schulzimmer rettet und dabei den Lehrern die Zunge herausstreckt.

Außerdem wird jeder Jugend, der man den Ungehorsam durch einen Mangel an Ordnungen und Geboten vorenthält, gleichermaßen auch die Mystik verwehrt, und so sucht sie in ihren Kreisen nach einem Idealtyp, der ihren Träumen Fleisch und Blut verleiht.

Für all das gibt James Dean jenen Seelen Nahrung, die sich unwohl fühlen zwischen einer toten Zivilisation, die sie nicht gekannt haben, und einer aufkommenden Zivilisation, von der sie noch nichts haben.

Ein Trugbild – ein Traum – ein junger Mann, der dank der Schnelligkeit seiner Fahrt keiner der Mechanismen seiner Karriere beschmutzt: das ist James Dean, und eine Menge Heranwachsender errichtet ihm eine Statue aus Schnee, die haltbarer ist als viele Statuen aus Marmor.

Marlene Dietrich

Sie haben recht, Marlene stellt man nicht vor. Man kann sie begrüßen und ihr dafür danken, daß sie so ist, wie sie ist. Es geschieht selten, daß jemand in die Legende eingeht wie sie, von Kopf bis Fuß gerüstet. Marlene ist in die Legende eingegangen wie Kinder, die Reiter spielen: rittlings auf einem Stuhl.

Wer das Glück hatte, sie unversehens und unerwartet rittlings auf jenem Stuhl zu sehen und zu hören, wie sie »Ich bin von Kopf bis Fuß auf Liebe eingestellt« singt, besitzt die Erinnerung an eine Vollkommenheit.

Und warum war diese Vollkommenheit nicht nur eine betäubende Dusche von Sex-Appeal? Weil von Marlene, wenn sie sich zu einem Striptease hergeben und, nach ihrer Gewohnheit, bis zum Letzten gehen würde, nur das Wesentliche übrigbliebe, das heißt ein Herz aus Gold.

Denn dieser Paradiesvogel, dieses Schiff mit allen Segeln im Wind, dieses Phänomen an Grazie, dessen Federbüsche und Pelze auf ihr zu wachsen scheinen, ist eine Waffe, wie es nur wenige gibt, die wandelnde Güte, die nicht zögert, den Ozean zu überqueren, um jemandem behilflich zu sein.

Es wäre lächerlich, Ihnen mehr darüber zu sagen und von der Ehre zu profitieren, die sie mir erweist, indem sie mir erlaubt, zu Ihnen von ihr zu sprechen. Sehen wir sie lieber selbst erscheinen, sie, deren Name mit einer Liebkosung beginnt und mit einem Peitschenknall endet: Marlene ... Dietrich.

(Beim »Bal de la Mer« in Monte Carlo am 17. August 1954 von Jean Marais vorgelesen.)

Marlene Dietrich ..., Ihr Name beginnt mit einer Liebkosung und endet mit einem Peitschenknall. Sie tragen Federn und Pelze, die auf Ihrem Körper zu wachsen scheinen wie die Pelze der Raubkatzen und die Federn der Vögel.

Ihre Stimme, Ihr Blick sind Stimme und Blick der Loreley; doch Loreley war gefährlich. Sie sind es nicht; denn Ihr Geheimnis der Schönheit besteht darin, daß Sie sich um die Linie Ihres Herzens sorgen. Diese Linie Ihres Herzens weist Ihnen einen Platz außerhalb der Eleganz zu, außerhalb der Moden, außerhalb der Stile: sogar außerhalb Ihres Rufs, Ihres Muts, Ihres Gangs, Ihrer Filme und Ihrer Chansons.

Ihre Schönheit zwingt sich von selber auf, es ist überflüssig, von ihr zu reden, also begrüße ich Ihre Güte. Sie erleuchtet von innen die lange Woge von Ruhm, die Sie sind, eine durchsichtige Woge, die von weither kommt und geruht, sich großmütig bis zu uns zu erstrecken.

Vom Flitter im *Blauen Engel* zum Frack in *Morocco,* vom ärmlichen schwarzen Kleid in *Dishonoured* zu den Hahnenfedern in *Shanghai Express,* von den Diamanten in *Desire* zur amerikanischen Uniform, von Hafen zu Hafen, von Klippe zu Klippe, von Dünung zu Dünung, von Damm zu Damm kommt (mit voll gesetzten Segeln) eine Fregatte daher, eine Gallionsfigur, ein chinesischer Fisch, ein Lyravogel, etwas Unglaubliches und Wunderbares: Marlene Dietrich.

S. M. Eisenstein

Das Wunder des Films *La bataille de l'eau lourde** liegt darin, daß hier alles unwahrscheinlich wäre, wenn der Film nicht von den Helden des Dramas gedreht worden wäre – Helden, die uns das Kino Rex anschließend auf der Bühne vorstellt. Wieder einmal ist der Beweis erbracht, daß das Falsche den Anschein hat, wahrer zu sein als das Wahre, und daß, wenn das Schicksal verdreht denkt, dasselbe nicht für die Menschen zutrifft. Hitler bewacht seinen Schatz, aber zweimal finden sich die Ritter, anstatt sich mit Fafner in den den Haaren zu liegen, einem alten Portier gegenüber.

Dieser alte Portier bewacht das Allerheiligste: das Zimmer der Schnapsbrenner. Dieser alte Portier (aus Norwegen übrigens) überwacht das Fährschiff, auf dem Hitler seinen Schatz herbringt. Drei Menschen können somit, wider alle Erwartung, in aller Ruhe handeln, mitten in einem Ameisenhaufen von SS. Wer wollte das glauben? Man zeigt es uns. Und zweifellos, ich wiederhole es, wäre eine falsche Geschichte überzeugender.

Im *Potemkin* geht Eisenstein umgekehrt vor. Er entwirft die Geschichte und macht sie durch umfangreiche Details, die er anschließend erfindet, noch packender und ergreifender.

Er erfindet die Treppe von Odessa. Er erfindet die Plane über den Matrosen, die von ihren Kameraden niedergeschossen werden sollen. Er erfindet den Aufmarsch der Menschen vor der Leiche.

* Cocteau meint vermutlich den norwegischen halbdokumentarischen Film *Kampenom Tungtvannet* von Titus Vibe Muller.

Nach und nach schmücken die Photographien des Films die Wände des Kriegsministers. Zuerst tragen sie die Bemerkung: ein Film von Eisenstein. Später die Bemerkung: der Film *Potemkin.* Schließlich werden sie zu Dokumenten des Aufstands der Besatzung.

Mit Eisenstein war ich nach *Potemkin* sehr viel zusammen. Ich bewunderte ihn. Er zeigte mir die erste Arbeit zur *Generallinie.* Er erzählte von dieser Arbeit schöne Anekdoten.

Hier ist eine: Während der Dreharbeiten dringen Eisenstein und sein Team in einem verlassenen Dorf in ein Haus ein. Unter dem Bett finden sie zu ihrer großen Überraschung zwei farbige Postkarten. Die eine zeigt den Eiffelturm, die andere Cléo de Mérode. Die alte Bäuerin, die sie danach fragen, antwortet: »Das ist der Kaiser und die Kaiserin.« Für diese Frau, mitten im Bolschewismus, kann ein farbiges Porträt, auf dem ihr Auge nichts erkennt, nur das Porträt des Zaren oder der Zarin sein.

Und hier eine andere. Die Bauern glaubten, daß die Kamera die Frauen durch ihre Kleider hindurch nackt photographiert. Sie bedrohten das Team mit Gabeln. Sie glaubten auch, daß die Handschuhe, die man den Filmleuten als Schutz gegen die Lepra zu tragen befohlen hatte, die Krallen und Pfoten des Teufels versteckten.

Eisenstein erzählte eine Menge erstaunlicher Anekdoten, und sein großer Körper schüttelte sich vor Lachen. Und wenn er die Wahrheit ein wenig verzerrte, war das doch nie eine Lüge. Es geschah, um sie stärker zu machen, leserlicher.

Als man den *Potemkin* in Monte Carlo zeigte, schrieb ein alter Matrose der Besatzung, der sich jetzt dort befand, an Eisenstein: »Herr Eisenstein, ich sehe mich eben in Ihrem Film. Ich war einer der Matrosen unter der Plane.« Dabei hatte Eisenstein diese Plane in allen Details erfunden. Sein Genie hatte sich an die Stelle der Erinnerung dieses Mannes gesetzt.

Eisenstein gab mir oft den Beweis für diesen Sieg der Imagination über das Faktische.

Zahllose Beweise finden sich im Mechanismus seines Meisterwerks *Donner über Mexiko.*

Leider haben nur sehr wenig Menschen dieses Monument des Kinematographen gesehen. Der Film, den man unter diesem Titel vorführt, wurde aus den Schnittresten des originalen Films gemacht. Das heißt, daß die Aufnahmen, die Eisenstein in den Papierkorb warf, einen wunderbaren Reichtum bezeugen.

Wir sollten in Marseille zusammen einen Film drehen. Seine Reise nach Amerika hatte unser Unternehmen verzögert. Es gelang uns nie, unsere Termine aufeinander abzustimmen. Und oft schließe ich die Augen. Ich betrachte unseren Phantom-Film, und ich spüre den großen Körper Eisensteins neben mir, von Lachen geschüttelt.

(*Carrefour,* 18. Februar 1948)

Gérard Philipe

Dem Reich des Ruhms entliehen

Was? Den Cid! Was? Den Prinzen von Homburg! Was? Diese ganze funkelnde, liebenswerte und siegreiche Jugend, die sich in Gestalt von Gérard Philipe einfangen läßt.

Romain Rolland schrieb mir über Radiguet*: »Wie konnte er sich vom Tod besiegen lassen, nachdem er das Leben so fest gepackt hatte?«

Wie ließ er sich besiegen, der mutige Gérard, dessen noble Lebenslinie ein Bogen war, und wie ließ der Bogen nun diesen Pfeil mitten in unserem Herzen zurück?

Ein großes Rätsel, das niemand lösen kann, es sei denn durch das Bild eines Phönix, der sich von Jahrhundert zu Jahrhundert verbrennt, um neu geboren zu werden, es sei denn durch die Sage der griechischen Sphinx oder des Minotaurus von Kreta, die verlangten, daß man ihnen die Jüngsten und Schönsten überlasse.

Man muß die Wunder fürchten.

Gleichviel, man gibt nur unter Schmerzen zu, daß sein Leben kurz sein mußte, und daß man den Wunsch verspürt, das Schicksal zu verfluchen und anzuschreien: »Ein Versehen!«

(*Les Lettres françaises,* 3. Dezember 1959)

Wie Jean Marais, so bietet auch Gérard Philipe das Beispiel eines makellosen Komödianten-Tragöden.

Der Film hatte den Dramatiker dazu gezwungen, Künstler zu finden, die das Alter der Rollen haben – wahre Tristans, wahre Romeos,

* Raymond Radiguet, französischer Schriftsteller (1903 bis 1923).

jugendliche Isolden und Julias. Dem Theater erwuchs daraus ein Verlangen des Publikums, dem es nicht gerecht werden konnte, da die jungen Komödianten noch nicht, um die Rollen der Helden und Heldinnen tragen zu können, die robusten Schultern von Schauspielern haben, von denen man nicht verlangt, daß sie das in der Legende geforderte Alter haben, sondern das Talent, es glaubhaft zu machen.

Aus Mangel an Darstellern hat *das Kartell* die Regisseure, die Kostüme und die Dekors an ihrer Stelle gesetzt.

Als erster wagte es Jean Marais in *Les parents terribles,* unter dem Druck meiner Erinnerungen an Mounet-Sully, an Lucien Guitry, an Edouard de Max*, mit einer Zurückhaltung zu brechen, die für die Leinwand unerläßlich ist, aber töricht auf der Bühne.

Wie er, so rüttelt auch Gérard Philipe an den filmischen Regeln, die dem Theater die großen Hauptrollen wegnehmen, und wir erlebten ihn in *Caligula* und im *Cid,* wie er dem Ungestüm seiner Jugend eine geheimnisvolle Weisheit beifügte, die von einer Fee herzurühren schien.

Die Feen standen alle an seiner Wiege. Die letzte der Feen muß man immer fürchten, und im Falle von Gérard kam sie und sagte: *»Dein Ruhm wird kurz sein.«* Sie irrte. Denn die guten Feen kannten süße Listen und korrigierten die Drohung: »Wir werden dafür sorgen, daß dein kurzer Ruhm groß genug wird, um lang zu sein.«

Gewiß hätten die gefeierten Größen des Theaters, die Karyatiden, die den Tempel trugen, Mounet und Sarah Bernhardt, Réjane und Guitry, nicht die paar Wochen des Lebens verweigert, die die Schallplatte, der Film, der Rundfunk und das Fernsehen unseren jungen Stars abverlangen.

Gewiß haben sich die Größen kaum verausgabt und sind auf das Bärenfell oder auf die Terrassen der Boulevard-Cafés zurückgekehrt; gewiß auch kostet der moderne Rhythmus die Nerven der jungen Künstler, und die Fähigkeit, sehr schwere Rollen zu tragen, geht Hand in Hand mit einen großen Erschöpfung. Doch Gérard Philipe führte ein ruhiges Leben, und wenn ihm die Abwechslung im T.N.P. zu hart war, erholte er sich auf dem Land und wurde von seiner Frau, die er verehrte, mit großer Zärtlichkeit verwöhnt.

Nein. Wie Raymond Radiguet – der das Glück des Altwerdens rühmte und darauf hoffte – sein Genie mit einer Geschwindigkeit abwickelte, die

* Jean Sully Mounet, französischer Schauspieler (1841 bis 1916), spielte an der Comédie Française die großen tragischen Rollen. Lucien Guitry, französischer Schauspieler (1860 bis 1925).

das Knäuel schwindelerregend schnell verschwinden läßt, so verausgabte auch Gérard Philipe bedenkenlos seine moralische Kraft und verschenkte sein Herz, bis nichts mehr von ihm übrigblieb.

Doch wie prächtig war dieser mit vollen Händen ausgegebene Schatz!

Am Abend des *Cid* schien er, nachdem er seine Reichtümer dem Saal geschenkt hatte, sich selbst hinzugeben – so interpretiere ich seinen Gang ins Publikum am Ende seines Monologs.

Diese Minute ist unvergeßlich, und ich vergleiche sie mit jener, in der Jean Marais, bäuchlings in den Kulissen liegend, darauf wartete, daß Michel in Tränen ausbrach.

Und deswegen lenke ich die Aufmerksamkeit des Publikums auf diese beiden wunderbaren Matadore des Theaters.

(*Spectacle,* 1960)

Jean Renoir

In meinem Zimmer auf dem Land hängt eines jener kleinen Bilder von Auguste Renoir, auf dem Jean seiner Schulaufgabe die Zunge herausstreckt. Und jedesmal, wenn ich einen Film von Jean Renoir sehe, oder eines seiner Stücke (in Wahrheit kenne ich nur eines), finde ich es bewundernswert, daß er diesem Bild treu bleibt, daß er sich das Herz eines Kindes bewahrt und es mit dem Schimmer einer Frucht der Sonne umgibt.

Wenn es eine vertraute Beziehung zwischen uns gibt, dann die, daß wir beide die Künstler eines Filmes mehr nach ihrem moralischen Stil als nach ihrem äußeren Charme auswählen.

PS. Die »Schwarzen Filme« sind auch in Farbe.

(*Cahiers du Cinéma,* April 1958)

Es wäre seltsam, wenn ein Sohn von Auguste Renoir sich damit begnügen würde, Phantome zu gestalten, auch wenn die Farbe einen Schein von Leben hinzufügt.

Jean Renoir braucht, so vermute ich, *das Schauspiel aus Fleisch und Blut.* Vor kurzem übrigens, während eines Treffens von Filmemachern, vertraute er mir seine geheime Leidenschaft für die Bühne an.

In meinem Zimmer auf dem Land habe ich mehrere aus einem Ensemble herausgetrennte Bilder, von denen mir Matisse erzählte, daß Renoir seine Pinsel am Ende seines Arbeitstages fabelhaft säuberte.

Ich betrachte sie. Jean, mit seinem schulterlangen Haar und seinen Apfelwangen, beugt sich über sein Schreibpult und streckt die Zunge ein bißchen heraus.

Ich fange an, sein Stück zu schreiben, das ist sicher. Und ich frage mich, ob seine bewundernswerten Filme nicht nur Pflichtübungen während der Ferien waren.

Ich wende mich also an das Kind und an den Mann, ihnen biete ich mein Herz an.

(Programm zu *Orvet,* Théâtre de la Renaissance, 12. März 1955)

Orson Welles

Ich habe Orson Welles 1936, am Ende meiner Weltreise kennengelernt. Es war in Harlem, bei einem von Schwarzen gespielten *Macbeth;* Glenway Wescott und Monroe Wheeler hatten mich zu dem fremdartigen und wunderbaren Schauspiel mitgenommen. Orson Welles war damals ein sehr junger Mann. *Macbeth* sollte uns 1948 beim Festival von Venedig wieder zusammenführen. Sonderbar, aber ich habe keine Verbindung hergestellt zwischen dem jungen Menschen im schwarzen *Macbeth* und dem berühmten Filmemacher, der mir einen anderen *Macbeth* (seinen Film) in einem kleinen Saal am Lido zeigte. In einer venezianischen Bar erinnerte er mich daran, daß ich ihn damals darauf aufmerksam gemacht hatte, daß das Theater gewöhnlich die Szene des Nachtwandelns ausklammert, während sie doch in meinen Augen die Schlüsselszene ist.

Der *Macbeth* von Orson Welles ist ein *film maudit* im besten Sinn des Wortes, so wie wir es verwendeten, um die Lampen des Festivals von Biarritz zu erhellen.

Der *Macbeth* von Orson Welles läßt die Zuschauer taub und blind, und ich glaube, daß diejenigen, die ihn mögen (und ich rühme mich, dazuzugehören), zu zählen sind. Welles hat den Film nach zahlreichen Proben sehr schnell gedreht. Das heißt, er wollte ihm den Theaterstil bewahren und dabei beweisen, daß der Kinematograph seine Lupe auf alle Werke richten kann, daß er den Rhythmus durchaus verachten kann, den man dem *Kino* zuschreibt. Kino ist eine Abkürzung, die ich nicht mag, weil ich das nicht mag, was sie bezeichnet. In Venedig hörten wir unaufhörlich das absurde Leitmotiv: »Das ist Kino«, oder: »Das ist kein Kino«. Und man sagte sogar: »Das ist ein guter Film, aber kein Kino«, oder »Das ist kein guter Film, aber Kino«. Wir lachten laut heraus, Welles und ich, und als wir im Rundfunk gemeinsam interviewt wurden, antworteten wir, wir wüßten gerne, was ein *Kino-Film (film cinéma)* ist, und daß wir gerne das Rezept hätten, um ihn zu machen.

Der *Macbeth* von Orson Welles ist von einer wilden und ungezähmten Kraft. Hörner und Pappkronen auf dem Kopf, in Tierhäute gekleidet wie die ersten Automobilisten, bewegen sich die Helden des Dramas in Gängen einer Art von Traum-Untergrundbahn, in verwüsteten Kellern, in die das Wasser rinnt, in einer verlassenen Kohlengrube. Nie ist eine Aufnahme zufällig. Die Kamera ist stets dort, wo das Auge des Schicksals die Opfer bewacht. Manchmal fragen wir uns, in welchem Zeitalter sich dieser Alptraum abspielt, und wenn wir zum ersten Mal der Lady Macbeth begegnen, sehen wir, bevor die Kamera zurückfährt und den Zusammenhang herstellt, fast eine Dame in einem modernen Kleid, auf einem Fellsofa neben dem Telefon.

In der Rolle des Macbeth sehen wir Orson Welles als ansehnlichen Tragöden, und wenn der schottische Akzent, den die Amerikaner nachahmen, in englischen Ohren möglicherweise schlimm klingt, so gebe ich zu, daß mir das nichts ausmacht, und daß es mir auch nichts ausmachen würde, wenn ich ein perfektes Englisch spräche, denn man kann durchaus erwarten, daß sich die bizarren Monster in einer bizarren Sprache artikulieren, in der nur die Worte von Shakespeare stammen.

Kurz, ich bin ein schlechter Richter und ein besserer Richter als andere, weil ich ganz zwanglos nur auf die Handlung schaue, und weil mein Unbehagen von ihr kam, nicht von einem Fehler im Akzent.

Der Film, den Welles vom Wettbewerb in Venedig zurückgezogen hat und der 1949 von *Objectif 49* im »Salle de la Chimie« vorgeführt wurde, trifft überall auf den gleichen Widerstand. Er faßt die Figuren von Orson Welles zusammen, die die Gewohnheiten verachten und die Erfolg nur durch ihre Schwächen haben, an die sich das Publikum klammert wie an einen Rettungsanker. Manchmal hat er mit seiner Kühnheit das Glück und die Chance, das Publikum zu überzeugen, wie zum Beispiel in der Szene in *Citizen Kane,* in der Kane das ganze Zimmer verwüstet, oder in der des Spiegelkabinetts in *The Lady from Shanghai.*

Gleichwohl erwartete das Publikum nach dem Synkopenrhythmus von *Citizen Kane* eine lange Reihe synkopischer Filme, und die ruhige

Schönheit der *Ambersons* enttäuschte daher. Für eine aufmerksame Seele war es schwieriger, dem Zwielicht der Windungen zu folgen, die uns vom ungewohnten Bild des kleinen Milliardärsjungen, der Ludwig dem XIV. gleicht, zur Nervenkrise seiner Tante führen.

Welles, der sich für Balzac interessiert, Welles der Psychologe, Welles, der die alten amerikanischen Häuser rekonstruiert, das schockierte die von Jazz und Gitterbug Besessenen. Sie fanden Welles wieder in der ziemlich konfusen *Lady from Shanghai* und verloren ihn wieder in *The stranger*.

Orson Welles ist eine Art Riese aus kindlicher Sicht, ein von Vögeln und Schatten überladener Baum, ein Hund, der sich von seiner Kette losgerissen und in die Beete gelegt hat, ein aktiver Faulenzer, ein verrückter Weiser, ein von Menschen umgebener Einsiedler, ein Schüler, der in der Klasse schläft, ein Stratege, der den Betrunkenen spielen kann, wenn er es will, damit man ihn in Ruhe läßt.

Es scheint, daß er besser als jeder andere die nonchalante Gangart der wahren Stärke benutzte, die vorgibt, nur halb bei der Sache zu sein, sich mit halboffenen Augen zu orientieren. Das Aussehen eines Gestrandeten, das er manchmal zur Schau trägt, oder eines schläfrigen Bären, schützt ihn vor dem kalten und hektischen Fieber des Kino-Milieus. Diese Methode hat ihn das Weite suchen lassen, hat ihn Hollywood aufgeben und sich anderen Gefährtinnen und anderen Perspektiven zuwenden lassen.

Als ich von Paris nach New York fuhr, schickte mir Orson Welles am Morgen meiner Abreise einen Automaten, ein herrliches weißes Kaninchen, das die Ohren bewegte und eine Trommel schlug. Es erinnerte mich an das trommelnde Kaninchen, von dem Appollinaire im Vorwort *Picasso-Matisse* zur Ausstellung Paul Guillaume spricht und das für ihn die Überraschung an einer Wegbiegung darstellt.

Dieses prächtige Spielzeug war das wahre Zeichen, die wahre Signatur von Welles, und wenn ich aus Amerika einen Oscar erhalte, eine Dame auf Zehenspitzen, oder wenn man mir in Frankreich die kleine *Victoire de Samothrace* zurückgibt, träume ich von diesem weißen Kaninchen von Orson Welles, als sei es der Oscar der Oscars und mein wahrer Preis.

Die Sprache des Kinematographen, ich wiederhole es, besteht nicht aus Worten. Als ich zum ersten Mal *Les parents terribles* vorführte, im Kino San Marco in Venedig, am Rand des Festivals, aus dem ich meinen *Aigle à deux têtes* zurückziehen mußte wie Orson Welles seinen *Macbeth*, saßen wir Seite an Seite. Er konnte den Text nur schwer verstehen; doch bei jeder kleinsten Nuance der Inszenierung drückte er mir mit seiner ganzen Kraft den Arm. Die Projektion war mittelmäßig, und wegen einer zu schwachen Lampe unterschied man kaum die Figuren, die doch bei einem solchen Film so wichtig sind. Als ich mich entschuldigte, sagte er, die Schönheit eines Films übersteige die Augen und Ohren und hänge weder vom Dialog noch von den Maschinen ab; er könne ruhig schlecht vorgeführt und schlecht verstanden werden, ohne daß dies seinem Rhythmus schade.

Ich stimme ihm zu. Manchmal, etwa in *The magnificent Ambersons,* geht er so weit, in einer unkenntlichen Photographie ein Gegenmittel gegen den Zauber zu suchen. Doch nach *Les parents terribles,* im Café Florian am Markusplatz, stimmten wir überein, daß man nicht von einem Zauber in den anderen fallen und nicht von vornherein das Prestige der Patina einkalkulieren sollte, was ja darauf hinausliefe, gleich alte Gemälde zu malen.

In Wirklichkeit lieben weder Welles noch ich es, von unserer Arbeit zu sprechen. Die Schauspiele des Lebens hindern uns daran. Wir konnten lange unbeweglich dasitzen und zusehen, wie sich das Hotel um uns regte. Unsere Unbeweglichkeit demoralisierte die geschäftigen Geschäftsleute und die nervösen Spezialisten des Kinos. Sie ähnelte der Qual, die die geschäftigen Geschäftsleute und die nervösen Kino-Spezialisten empfinden, wenn sie mit einer Gondel fahren und sich ihrem Rhythmus aussetzen müssen. Bald genug wurden wir schief angesehen. Unsere Ruhe machte uns verdächtig. Unser Schweigen erschreckte und weckte Aggressionen. Wenn wir lachten, war es schlimm. Ich habe ernste Menschen vorbeigehen sehen, sehr hastig, weil sie Angst hatten, wir könnten ihnen ein Bein stellen. Man klagte uns der Festivalschädigung an, weil wir uns absonderten.

Das war so wenig unwirklich, kam einer kollektiven Hypnose so nahe, daß es Welles und mir in Paris nicht gelang, wieder zusammenzukommen.

Unsere Bewegungen laufen gegeneinander. Wenn er ein Restaurant betritt, sagt ihm der Patron, daß ich es gerade verlassen habe, und umgekehrt. Wir verachten das Telefon. Kurz, unsere Begegnungen werden, was sie sein sollen: Wunder. Und diese Wunder kommen immer zur rechten Zeit...

(Vorwort zu einem Essay von André Bazin über Orson Welles, P. A. Chavane, 1950)

Robert Wiene

Mein lieber Doktor,

Sie fragen mich, ob es einen Grund gibt, Ihren *Caligari* in neuer Form zum Leben zu erwecken. Gewiß.

Caligari nimmt im Herbarium der großen Abenteuer keinen besonderen Platz ein. Wir bewunderten diesen Film nicht, er ärgerte uns sogar in mehr als einer Hinsicht. Aber wir liebten ihn, was mehr ist, und seine Erinnerung lebt in uns. Auf diese Weise kreisen manche Werke in uns wie ein magisches Blut, wir waren von ihnen *gebannt, bezaubert, entzückt,* und diese Worte seien in ihrem einfachen Sinn verstanden: der Bann als ein tödliches Band zwischen den Geschöpfen, der Zauber als eine Art von Geißel, die auf alles bis zur Betäubung einschlägt, das Entzücken als eine Faust, die uns von uns selbst fortreißt.

Caligari, Ihr erster Film, faßt auf wunderbare Weise die einzigartige Epoche zusammen, die heute ihren Tod in den Schaufenstern der großen Kaufhäuser und auf den Plakaten der Hauptstädte ausbreitet. Aber er enthielt auch einen Blick, einen Geist, einen Atem, eine Stimmung, die über diesen Aspekt der Mode hinausgingen und jene erstaunliche Epoche anzeigten, die wir an vielen Zeichen erkennen können und die manche unter uns vorausahnen. Eine harte, grausame, bluttriefende, schmucklose, von der Pest der Stars, der Alpträume, der Rache gezeichnete Epoche, eine Zeit der Opfer, eine Zeit, deren Chefs, deren Eingeweihte sich nicht mehr so leichthin rekrutieren werden. Eine Epoche, die abgeschlossen ist wie eine geheime Gesellschaft, in die man ohne Parolen und ohne Prüfungen nicht hineingelangt.

Kurz, ich finde es nicht nur gut, daß Sie Ihren Film neu beleben wollen, ich empfehle es Ihnen sogar, und ich werde Ihnen dabei helfen, so gut ich kann.

Mein neues Stück *Les chevaliers de la table ronde* verlangt vom Theater das Feuer, mit dem es im Mittelalter brannte, im Vorhof der Kathedralen. Es ist ein Stück über die Hexerei und über Vorurteile. Warum sollte ich am Rand dieser Arbeit Ihnen nicht helfen, gleichartige Wellen auszusenden? Warum sollte ich, egal welche kleine Pariser Überraschung das auch hervorrufen mag, die Ehre nicht akzeptieren, die Sie mir erweisen, indem Sie mir die Rolle des Cesare anbieten, des Traumwandlers, eine Dichterrolle alles in allem, denn er wandelt auf den Dächern, wenn ich nicht irre, wie das Mondlicht, und wie das Mondlicht betritt er die Zimmer und tötet die Schläfer, unter dem Einfluß einer bösen Kraft, die ihn beherrscht und von seiner Reinheit profitiert.

Mein lieber Doktor, Ihr Film bleibt eines jener sehr seltenen Werke, die unsere Intelligenz zu beurteilen sich weigert, und den wir als Ganzes bewundern.

Caligari ist *Caligari*. Ein neuer *Caligari* drängt sich auf. All das, was ihn mit äußeren Details überfüllte, dieses Ungleichgewicht zwischen der Künstlichkeit des Dekors und dem Realismus der Personen, seine makabre und etwas oberflächliche Groteske, all das wird zur Seele des Werkes.

Sie haben bewiesen, daß ein weiter Gang, in dem der Luftzug die Vorhänge bewegt, unter Ihren magischen Händen mehr beunruhigt als ein Gespenst, was für eines auch immer. Ihr *Caligari* von 1935 wird der Prolog einer *neuen Epoche* sein, und ich wäre glücklich, dabei eine aktive Rolle spielen zu dürfen.

Viel Glück.

(Cocteaus Antwort an Robert Wiene, der ihm vorgeschlagen hatte, die Rolle Conrad Veidts in einer neuen Version des *Kabinett des Dr. Caligari* zu übernehmen. *Paris-Midi*, Dezember 1934)

Über Filme

»Le mystère Picasso« von Henri-Georges Clouzot

Man kennt die Antwort Picassos, als er gefragt wurde: »Warum gehen Sie nicht nach New York, man wird Ihnen dort eine Brücke aus Gold bauen?« – »Und ich werde unter ihr nächtigen.«

Das ist einer seiner Pfeile, die er unaufhörlich mitten ins Ziel schießt, es faßt den transzendentalen Dandyismus eines Mannes zusammen, der die arme Pracht Spaniens symbolisiert und an die Universität von Salamanca erinnert, an der Don Juan durch einen Skandal zur Heiligkeit gelangte. Die Studenten trugen zerfetzte Kleider und Halsbänder aus Gold, um zu zeigen, daß die Fetzen kein Zeichen von Armut waren, sondern das Höchstmaß an Eleganz. So leben die Zigeuner, so lebt ein Maler, dessen Erfindungen wie das Wasser aus einer Brause sprudeln und der seine Häuser mit dem einzigartigen Hausrat seines Genies vollstopft.

Haben den ganzen abend an dich gedacht – stop – leeren unsere gläser auf unsere freundschaft – stop – wir lieben dich so wie du uns liebst – pablo, georges, georges. (Die beiden Georges sind Georges Clouzot und Georges Auric, der für den Film eine geheimnisvolle Schreibweise erfand, die sich an das Ohr richtet.)

Dieses Telegramm, das mich aus Cannes erreichte, beweist einmal mehr, daß Zeit nur ein Phänomen der Perspektive ist, daß sie in Wirklichkeit nicht existiert und daß das Herz stets meisterlich in einer Gruppe herrscht, in der sich Max Jacob und Apollinaire unter uns vergnügen wie auf dem Montparnasse unserer Jugend.

Eines sonnigen Sonntagmorgens zeigten mir Picasso und Clouzot ihren Film. Ich werde niemals den großen dunklen Saal vergessen, der heller wurde und lebendiger als die Croisette, und in dem sich ein Stierkampf entwickelte zwischen Picasso und der Leere, der Leinwand, dem Papier, der Tinte, den trägen Kräften, die sich gegen diejenigen ereifern, die den Tod zu besiegen wissen.

Das Schlimme in unserer Epoche ist, daß die Künstler früher daran arbeiteten, *das Leben zu geben,* während sie heute daran arbeiten, *das Leben zu vergessen.*

Nichts dergleichen bei Picasso; was er zu vergessen sucht, vergißt er bereits in einer kreativen Orgie. Wenn es in Cannes regnet, nimmt er das mit Erstaunen zur Kenntnis, denn er herrscht über seine eigene Welt, in der er die Fehler so organisiert, daß sie keine Fehler mehr sind, und in der die Gegenstände und die Figuren ihm gehorchen, bis sie ihre Form verändern und die Form annehmen, die er will. Ebenso erfindet er auch sein eigenes Klima und sein eigenes Wetter, die Launen des Blitzes, die Meeresstille. Die Windstille ruft er hervor in seinem Duell mit den Schwierigkeiten des Seins und den Erschöpfungen jener unaufhörlichen Niederkunft der »Mütter-Männer«, von denen Nietzsche spricht.

Der Film von Clouzot ist ein Akt der Liebe. Man fühlt die sanfte Gegenwart der Heiligen in den Kulissen und auf einem hohen Gerüst, während Auric eine Messe begleitet. Etwas Weihevolles liegt in dem riesigen nächtlichen Kirchenschiff, in dem Picasso mit seinem kleinen, intimen Licht umhergeht, einem Licht, das der Kerze gleicht, die Michelangelo beim Malen der sixtinischen Madonna wie das Horn eines Einhorns vor sich hertrug.

Ich sehe gleichsam einen seltsamen Dokumentarfilm über das Keimen menschlicher Pflanzen, und die Linien und Flecken bewegen sich nach einem Mechanismus, der dem Knospen der Blumen gleicht und der allem anderen folgt, nur nicht Picassos Erscheinung und dem Zauber, den man ihm nachsagt.

Picasso *pflanzt sich lebendig ein* und *treibt Blüten.* Er stellt seine Fallen auf, um gewisse Insekten zu fangen, und seine Scheuchen, um gewisse Vögel fernzuhalten.

Aber ich will nicht der Arbeit eines Kritikers vorgreifen. Ich wollte, da ich hier als Schattenpräsident fungiere, das Telegramm meiner drei Freunde beantworten und mich dafür entschuldigen, daß ich nicht in ihrer Loge sitzen konnte, um ihr Werk brüderlich zu grüßen.

(*Les Lettres françaises,* 10. Mai 1956)

»Othello« von Sergei Jutkewitsch

Lieber Sergej,

Ich hatte den *Othello* von Orson Welles leider nicht gesehen, und ich danke Dir, daß Du mich in Deine Festival-Loge eingeladen hast, um mir brüderlich den Deinen zu zeigen.

»*Zehn Minuten und zehn Jahre*«, antwortete Whistler dem Tribunal, das ihn beschuldigte, ein Porträt zu schnell gemalt zu haben. Und wenn ich Dich frage, wie lange die Dreharbeiten an Deinem Film Dich in Anspruch genommen haben, ist die Antwort die gleiche: *»Sechs Jahre und sechs Monate.«*

Schon in den ersten Minuten dieses Werkes, wenn Hände auf die Leinwand dringen wie Lianen, hältst Du die große malvenfarbige Hand des Mohren vor unsere Augen und befiehlst uns, das Stück von Shakespeare zu vergessen, und Du befiehlst uns, es zu sehen, als hätten wir es niemals zuvor gesehen.

So kommt es, daß für uns alles neu ist, daß wir von einer Überraschung in die andere fallen, und daß wir uns fragen, ob Othello Desdemona wohl töten wird.

Man möchte meinen, Du lebst von Eisensteins Erbe, er habe Dir das Geheimnis einer etwas kindlichen Wildheit vermacht, einer Wildheit nach Art der klassischen Romantik eines Puschkin, das Ungestüm einer Fabel, die sich durch ihre realistische Kraft der Historie annähert.

Ich träume von jenem Matrosen aus *Potemkin,* der in Monte Carlo strandete. Er schrieb an Eisenstein: »Ich war einer der Matrosen unter der Plane« – während die Episode mit der Plane doch reine Erfindung war.

Nahe bei dir, im Dunkel, würde ich gern den Projektor anhalten und noch die kleinste Geste Deiner Schauspieler festhalten, jener Schauspieler, die normalerweise von der Kritik nicht erwähnt werden, es sei denn mit dem Namen der Figuren, die sie verkörpern.

Und dieser Platz in Byzanz, diese Festungen in Zypern, diese griechischen Tempel, in denen Othello in der weißen Toga des Ödipus unerwartet in die Falle der Götter stürzt.

Und die Wellen, die dem Drama zuarbeiten, indem sie Jago und sein Opfer mit ihrer Gischt umgeben. Und dieses Labyrinth der Fischernetze, in denen der Elende mit dem Tod kämpft, den Fischen gleichend, die auf dem Boden des Bootes zappeln und schließlich sterben.

Und die Mäntel, die so rot sind wie der Zorn. Und die Helme, die Hahnenkämpfen gleichen. Und, durch den ganzen Film hindurch, das heraldische Phänomen eines Adlers, dem zwei Köpfe gewachsen sind und der langsam vom Reich der Tiere in das der Wappen übergeht.

Ja. Das nämlich ist es, was Dein Film zeigt. Einen Traum, der dem Schlaf entronnen ist, ein Monster aus einer Dimension, die uns unzugänglich ist, einen Zyklon, dessen ruhiges Zentrum der Blick jener jungen, ihrem Schicksal ergebenen Frau wäre.

Gestern abend sahen wir, wie Michèle Morgan das Wunder vollbrachte, die schreckliche Marionette des David zu verkörpern, und heute abend kehre ich zurück zum Cap, von erlauchten Phantomen begleitet, denen Du neues Leben eingehaucht hast durch eine mutige Bluttransfusion aus Deinem Herzen.

(*Les Lettres françaises,* 3. Mai 1956)

»La passion de Jeanne d'Arc« von Carl Theodor Dreyer

Potemkin imitiert einen Dokumentarfilm und bestürzt uns. *Jeanne d'Arc* imitiert ein Dokument einer Epoche, in der es noch keine Reportage gab. Es scheint, als habe Dreyer mit einem Teleskop gedreht und mit Hilfe eines Planeten, auf den die Lichtgeschwindigkeit den berühmten Prozeß ins Jahr 1928 versetzt hat. Ein Prozeß, der von einem Stuhl beobachtet wird, von einer Fliese, einem Balken, einem jener Zeugen, die uns erschüttern, wenn wir die Orte besuchen, an denen die Dramen der Geschichte sich abgespielt haben. Niemals nimmt Carl Dreyer einen pittoresken Kamerastandpunkt ein: er ist ein Geometer. Die kleinste seiner Erfindungen wird legitim. Das Herz wird niemals vom Geist gestört. So erreicht er es durch einen Gewaltakt, uns zu rühren und zugleich Rätsel aufzugeben.

Falconetti, Silvain, Artaud ... ich wage sie nicht zu nennen: sie spielen ihre Rollen von Chiffren auf einem weißen Schiefer in diesem raschen Prozeß, dessen handgreiflicher Beweis unsere Tränen sind und die erstarrten Zuschauer, die nicht mehr in der Lage sind, ihre Sessel zu verlassen. Ich wiederhole es, nur ein einziger Film hat mich ähnlich betroffen: *Potemkin.*

(Gallimard, Paris 1928)

»Le sang des bêtes« von Georges Franju

Zola ist ein großer Dichter und ein großer Filmemacher. Kaum jemand weiß das. Obwohl berühmt, ist er in seinem Genre *maudit.* Die Lokomotive, die unter dem Schnee verendet; die weißen Pferde im Bergwerk; das Mädchen, das seine Taschen im Tunnel leert; der blutende kleine Junge unter den falschen Bildern; der brennende Trinker – lauter seltsame Einfälle, deren kaum verstandene Intensität nur im Kinematographen die richtige Antwort findet.

Ich bin darauf gekommen, als ich den bewundernswerten Dokumentarfilm über die Schlachthäuser sah, den Georges Franju uns präsentiert. Keine Einstellung, die uns nicht anrührt, fast ohne Grund, nur durch die Schönheit des Stils, der großen visuellen Schreibweise. Gewiß, der Film ist unerquicklich. Zweifellos wird man ihm Sadismus vorwerfen, weil er das Drama mit beiden Händen anpackt und ihm nie aus dem Wege geht. Er zeigt uns die Schlachtung unschuldiger Tiere. Manchmal kommt er der Tragödie nahe durch die schreckliche Überraschung der Gesten und Haltungen, die wir nicht sehen wollten und die er uns brutal vor Augen führt. Das Pferd, das auf die Stirn geschlagen wird und – bereits tot – in die Knie bricht. Die Reflexe der geköpften Kälber, die noch zucken und um sich zu schlagen scheinen. Kurz: eine edle und eine gemeine Welt, die ihre letzte Welle von Blut auf ein weißes Tischtuch schwemmt, bei dem der Feinschmecker nicht mehr an den Kalvarienberg der Opfer denken muß, in deren Fleisch er seine Gabel stößt.

Rings um den Opfertisch gibt es die Stadt, die aus mehreren Städten und Dörfern besteht, die Stadt, die man zu kennen glaubt und doch nicht kennt, ihren maritimen und unheilvollen Himmel über dem sehr ungewohnten Dekor des Kanals von Ourcq.*

Niemals werden Sie den endlosen, mit Wäsche beflaggten Schleppkahn vergessen, oder die Leichentücher im Leichenhaus der Tiere, Leichentücher aus ihrer eigenen Haut.

Einmal mehr beweisen uns mutige Filmemacher, die sich nicht das Problem des Erfolgs stellen, daß der Kinematograph der Apparat des Realismus und der Lyrik ist und daß alles vom Blickwinkel abhängt, aus dem die Schauspiele des Lebens beobachtet werden. Von jenem Blickwinkel, unter dem der Kinematograph uns zur Teilnahme an einer besonderen Sicht der Dinge zwingt und uns ihr alltägliches Wunder verdeutlicht.

* Schlachthof im 19. Pariser Arrondissement.

Skizzen

Poesie und Publikum

Man fragt sich, warum einen das Bild von Marlene nicht losläßt, wie sie die Tickets am Bahnhof von Shanghai abgibt, oder das Bild von Greta Garbo, wie sie durch die Halle des *Grand Hotel* geht. Das ist die geheimnisvolle Poesie, die von einem Wesen oder einem Ort ausgeht, der immaterielle Sex-Appeal, den das Publikum in einem Film sucht, ohne die Natur seines Wunsches recht zu verstehen. Delluc, der so jung starb, hatte einst versucht, diese unbekannte Poesie ins Werk zu setzen, sie für einen ganzen Saal erkennbar zu machen. Ich spreche nicht von den Filmen Buñuels noch von denen des Unterzeichners dieser Zeilen; wir waren frei, und wir wollten nichts anderes als in unsere menschliche und unmenschliche Nacht jene Glocke senken, die zuerst die Williamsons ins Meer senkten. Ich will über jene – leider seltenen – Filme sprechen, in denen die Poesie über das Publikum herrscht, ohne auf das Pittoreske und die veralteten Mittel der Kameraperspektive zurückzugreifen.

Le grand jeu von Feyder ist einer dieser Filme. *Lac aux dames* ein anderer. Der Erfolg entschädigt Feyder für seine sehr anständige Arbeit. Dagegen wird *Lac aux dames,* der Film von Marc Allégret, in den Seelen Wurzeln schlagen.

Hauptsorge eines Dichters der Leinwand wird es sein, so scheint mir, seine Darsteller nach der Frische auszuwählen, die sie in sich tragen, denn der Kinematograph registriert verborgene Qualitäten. Unmöglich bringt ein Schauspieler die Verwandlung unter der unerbittlichen Dusche des Lichts, das nicht nur die Bewegung zeigen will, sondern auch die Kräfte, die aus dem Innersten kommen.

Wenn Sie *Lac aux dames* sehen, glauben Sie keinen Augenblick, daß die Schauspieler durch andere ersetzt werden können. Wie die Musik von Georges Auric, die so natürlich ist, daß man ungerechterweise glauben könnte, sie komme wie selbstverständlich aus den Episoden und aus dem Dekor, sie gleiche also jener besonderen Musik eines Schnellzugs, jener großartigen, mechanischen, vom Rhythmus der Lokomotive erzeugten Musik – wie diese sozusagen »unvermeidliche« Musik, so erscheinen Simone Simon, Rosine Deréan, Ila Meery, Jean-Pierre Aumont, Michel Simon, Sokoloff wie unvermeidliche Darsteller einer Geschichte, die sich zwischen ihnen abspielt und die uns in dem Maß berührt, in dem sie kein höheres Interesse artikuliert als das, was die Figuren handeln läßt. Ein Interesse am Mond und am Traum, ein Interesse an nächtlicher Traurigkeit, an einem gespensterhaften Casino, am Dachboden aus unserer Kindheit, eine Hypnose gleich jener, in die wir beim Anblick des schmalen Papierschiffchens, des exquisiten Totenkopfs von Katherine Hepburn geraten. Ja, das ist von der Art, die mir die Kehle zuschnürt und meine tiefen Ströme in Tränen verwandelt, wenn ich die Bewegungen der kleinen Närrin von Simone Simon verfolge, den Dorfnarren von Jean-Pierre Aumont, die Irrlichter, die Taufkinder der Feen des Sees, in den sie fallen, in dem sie schwimmen, in dem sie wohnen, in dem sie ertrinken, aus dem sie wieder auferstehen, in dem sie verborgen leben unter dem bösen Schutz des Königs von Aulnes.

(*Œuvres complètes,* Band X, Lausanne, Marguerat, 1950)

Der Mythos der Frau

Der Mythos der Frau ist im Kinematographen um so wichtiger, als im Bereich des Theaters Frauenrollen nahezu immer den Männerrollen den Rang ablaufen. Der Film errichtet Statuen, und mir kommt der Satz in Erinnerung, den Mussorgsky auf seinem Todeslager sagte: »Die Kunst wird eines Tages aus sprechenden Statuen gemacht werden.« Als ich jung war, habe ich gesehen, wie Jugendliche Greta Garbo *nach einem Film* erwarteten, solche Kraft hatte ihre mythologische Anwesenheit. Sie warteten am Paramount an derselben Tür. (Das Paramount wurde auf dem Platz des Vaudeville gebaut.)

Die Farbe wird den Mythos verändern. Die sprechenden Statuen werden polychrom und rücken der Wirklichkeit näher. Sie werden ihr Geheimnis verlieren.

Die Frau ist geheimnisvoller als der Mann, und der Kinematograph lüftet die Geheimnisse. Ein Auge ist ein offenes Fenster zur Seele. Ich war mit großen Filmschauspielerinnen befreundet. Wir hatten unmittelbar freundschaftlichen Kontakt. Ich kannte sie *gründlich,* und sie kannten mich über eine andere Frau: über die Muse *Kino,* die die neun Schwestern in ihre sehr strenge Gemeinschaft aufgenommen haben.

Ein physischer Zauber kann sich einen weiten Liebesraum formen, doch das zählt wenig. Es ist die besondere Moral der Schauspielerin, die sich auf Dauer durchsetzt.

Ich bin nur traurig, daß die schrecklichen Umtriebe des Kinematographen die Jugend daran hindern, den Mythos der großen Phantome zu leben, die vom Theater verschwinden und die wir dank dem wiederbelebenden Mechanismus des Films überleben zu sehen hoffen.

(*Cahiers du Cinéma,* Weihnachten 1953)

Der Schauspieler

Diderot war sehr geschickt darin, im Leben Gefühle vorzuspiegeln, die er nicht hatte. Wenn er wollte, konnte er zu Tränen gerührt sein. Rousseau hat es bezeugt. Zweifellos ließ ihn dieses Privileg des großen Komödianten an die Methode der Unaufrichtigkeit beim Künstler glauben, denn wir neigen dazu, die anderen nach uns selbst zu beurteilen. Nun mag es unter den Schauspielern zwar Naturen geben, die das Wahre nur aus dem Falschen gewinnen; doch ich kenne auch andere, die mit ihrer Seele spielen können, fur die eine Kontrolle verhängnisvoll wäre und die ihre Persönlichkeit soweit einbringen, daß sie sich verlieren, daß sie vergessen, wie die Szene aufhört, die sie jeden Abend spielen.

Sie in eine Schule zwingen hieße, das nervöse und wunderbare Milieu der Kulissen schlecht kennen.

Man muß die Komödianten lieben wie ich sie liebe, man muß über all ihre Schwächen hinwegsehen, man muß diesen erstaunlichen Stall reinrassiger Pferde mit dem Herzen betrachten, ihren Stolz und ihre Bosheiten verstehen, um sich in ihrer Welt der falschen Perspektiven zu engagieren, in der man sich zu verlieren droht, wenn man nicht begreift, daß sie diese Perspektiven für wahr halten und sich in sie hineinstürzen in dem tiefen Glauben, dabei vor unseren Augen kleiner oder größer zu werden. Führen uns nicht sogar die Schauspieler, für die das Paradox von Diderot gilt, an jenen Abenden besten Glaubens hinters Licht und übertreffen sich selbst, an denen sich ihre eigene Substanz eng mit dem Mechanismus ihres Kalküls verbindet?

Bin ich ein Komödiantenkind, wie sie sagen? Vermutlich. Ich habe stets das Theater bewundert, an seinem schlechten Rot und Gold gelitten. Sobald ich die Brücke betrete, das Segelwerk und die Kajüten dieses Schiffes im Sturm, als das die Kulissen eines Stücks mir vorkommen, spüre ich die exquisite Angst eines Spielers in Monte Carlo. Ich spreche nicht von den Kulissen meiner Stücke, ich spreche von allen Kulissen aller Stücke, dem einzigen Club, den ich besuchen würde, wenn ich die Muße dazu hätte.

Jouvet sagte mir neulich: »Unser Metier ist grauenhaft. Es quält uns im Traum. Danach fängt das Elend am Morgen an und geht bis zum Abend, an dem wir Tote wiedererwecken müssen. Wir sind Narren!«

Die Leute, die verächtlich auf die Schauspieler herabsehen und sich vorstellen, sie amüsierten sich, und die sie aus ihrer Hypnose reißen, indem sie zu spät ins Theater kommen, sollten ernsthaft nachdenken über die Worte eines berühmten Komödianten, von dem es heißt, er sei ruhig und habe seine Reflexe unter Kontrolle.

Unsere Arbeiter haben Genie

Es gibt keine Wunder. Man macht sie, und man verdient sie. Es gibt weder Hexenmeister noch Zauberer, und diese Begriffe, die man unaufhörlich auf mich anwendet, sind unrichtig. Alles ergibt sich aus der Arbeit, aus der Aufmerksamkeit und Intensität, mit der man sie macht.

Die Mühsal der Arbeit versetzt den Arbeiter in eine Art Schlaf, den man wach schläft. Dieser Wach-Schlaf bringt das Publikum dazu, seine Ergebnisse mit einem Traum zu verwechseln.

Die Kunst ist ein geteilter Traum. Der Künstler erzählt seine Träume nicht. Er träumt öffentlich. Er braucht also Zuschauer, die sich der kollektiven Hypnose aussetzen, und die schlafen wie er, damit der Realismus des Traums, nicht mehr gebremst durch den Widerstand ihrer Gewohnheiten, mühelos in sie eindringen kann.

In Frankreich ist das beinahe unmöglich, da hier die Masse aus lauter Individuen besteht, die jede Vermischung verabscheuen, die sich weigern, ein Bestandteil zu werden und mehr zu sein als nur eine aufgeschlossene Person.

Doch auch im Bereich des Kinematographen würde der Traum, von dem ich spreche, nur ein individueller Traum bleiben, gäbe es nicht das Team, das heißt eine Gruppe von Technikern und Arbeitern, die das Subjektive objektiv macht, und die einem archäologischen Unternehmen gleicht, einer Gruppe von Ausgräbern, die es dem Menschen ermöglicht, einen Gegenstand aus seiner Nacht auszugraben. Aus einer Nacht, in der dieser Gegenstand bereits existiert und aus der man ihn nun behutsam befreit.

Georges Clouzot behauptet, es gebe im Kinematographen keine Technik. Es gebe nur die Erfindung, sagt er. Ich stimme ihm zu. Freilich spricht er über unsere handwerkliche Rolle als Regisseur. Denn man fragt sich, was aus der Imagination, aus der Erfindung des Regisseurs würde ohne die Technik, das heißt ohne die Hilfe der Techniker. Auch hier wäre es gut, die konventionellen Begriffe zu ändern.

Denn in Wirklichkeit kann auch die Arbeit der Kinotechniker durchaus der Imagination zugerechnet werden. Ich bleibe höchst erstaunt über die Erfindungen einer Handvoll Menschen, die sich in ihren Chef hineindenken, seine Hände und seine Seele werden. Während die Darsteller gleichsam die Zeichen unseres Alphabets sind und den Stil eines in Bildern geschriebenen Werkes bilden, verstehen die Arbeiter eines Teams, manchmal sehr einfache Menschen, auf einen einzigen Blick, was man von ihnen will.

Sie machen das Unmögliche möglich, in aller Eile. Man kann von ihnen verlangen, was immer man will. Ihnen jedes Problem stellen. Sie lösen es. Sie weigern sich nie. Sie maulen nie, sie trödeln nie, sie machen nie Schwierigkeiten.

Sie denken nach, und sie finden. Sie finden sogar, um ein schönes Wort von Picasso zu gebrauchen, bevor sie suchen. Sie finden mit der Geschwindigkeit des Blitzes. Durch ihr Genie (ich bestehe auf diesem Wort) gleichen sie die Fehler unseres Materials aus. Sei es, daß uns das Studio einen verstaubten Schuppen anbietet, in dem es keine der Maschinen gibt, die uns die Arbeit erleichtern könnten, und wenn es sie gibt, funktionieren sie nicht; sei es, daß wir unser Team an Originalschauplätze bringen, wo man sofort Projektoren aufbauen muß, Stative nageln, Schienen legen, ohne irgend etwas zu zerstören, also ein mobiles Studio einrichten, von dem nach unserem Weggang keine Spur mehr bleiben darf.

Man gebraucht das Wort Genie mit zu vielen Skrupeln. Genie ist nicht nur das Privileg eines Goethe oder eines Shakespeare. Genie gibt es oben und unten auf der menschlichen Skala. Stendhal gebraucht das Wort Genie, um die große Leichtigkeit anzuzeigen, mit der manche Wesen sich bewegen und handeln.

So gesehen, haben unsere Arbeiter Genie. Ich weiß nicht, ob sie uns in einem fremden Studio die gleiche Hilfe leisten würden. Aber ich weiß, daß unsere Träume, die Träume der französischen Autoren, ohne dieses Geheimnis des Mutterbodens Träume bleiben und weder im Raum noch in der Zeit lebendig würden.

[illegible]

[illegible]

[illegible]

[illegible]

[illegible]

[illegible]

Entwürfe

Orphée

Im Café der Dichter trifft sich die literarische Jugend und eine Menge Künstler und Snobs. Ihre Gefühle für Orpheus schwanken zwischen Bewunderung und Neid.

Orpheus ist der offizielle Dichter, von Ruhm bekränzt. Seine Aufmerksamkeit gilt an diesem Tag einer sehr eleganten Frau, die man die Prinzessin nennt. Die Prinzessin ist so wenig der Tod, wie Stewardessen Engel sind. Ein Tumult bricht aus, ein paar Jungen prügeln sich mit Cégeste, einem völlig betrunkenen Dichter, den die Prinzessin vergebens beschwört, von der Schlägerei abzulassen. Die Ankunft von Polizisten steigert noch den Tumult, und der fliehende Cégeste wird von zwei Motorradfahrern verletzt, die auf den Platz gerast kommen.

Die Prinzessin wendet sich an Orpheus und bittet ihn, sie ins Krankenhaus zu begleiten, in das sie den jungen Mann zu bringen gedenkt; er soll ihr als Zeuge zur Verfügung stehen. Doch unterwegs merkt Orpheus, daß der junge Mann tot ist und das Auto bereits die Stadt verlassen hat. Von den beiden Motorradfahrern eingeholt, hält der Wagen vor einer kleinen Villa auf einem Hügel. Orpheus folgt der Prinzessin und sieht verblüfft, wie sie Cégeste wieder zum Leben erweckt und mit ihr in dem Zimmer, das sie betreten haben, durch den Spiegel verschwindet. Orpheus stürzt ihr nach, aber er schlägt gegen das Glas und fällt in Ohnmacht.

Als er wieder zu sich kommt, liegt er allein auf dem verlassenen Hügel, auch das Haus ist verschwunden. Heurtebise, der Chauffeur der Prinzessin – die nichts anderes ist als der Tod – schlummert im Wagen. Er fährt Orpheus nach Hause zurück, wo dessen Frau, Eurydice, sich über seine Abwesenheit beunruhigt hatte, und über umlaufende Gerüchte, Orpheus habe den seit dem Vorfall im Café unauffindbaren Cégeste verschwinden lassen.

Orpheus lebt nur noch in Gedanken an die merkwürdigen Ereignisse, deren Zeuge er war, und an die Prinzessin. Er verläßt Eurydice, um im Autoradio im Wagen von Heurtebise seltsame Botschaften zu hören, deren Geheimnis er angestrengt zu entschlüsseln sucht.

Vom Polizeikommissar vorgeladen, um auf die gegen ihn vorgebrachten Beschuldigungen zu antworten, trifft Orpheus die Prinzessin wieder, bemüht sich aber vergeblich, ihr näherzukommen. Er weiß nicht, daß die Prinzessin jede Nacht aus dem Spiegel seines Zimmers tritt, um ihn zu besuchen... Eurydice erwartet ein Kind. Verzweifelt wegen Orpheus' Verschwinden, entschließt sie sich, ihren Schmerz ihren einstigen Freundinnen zu erzählen, den Bacchantinnen, die Orpheus hassen. Doch auf ihrem Weg wird die junge Frau von den Motorradfahrern des Todes niedergefahren und in den mysteriösen Bereich des Jenseits entführt.

Von Heurtebise über das Geschehene unterrichtet, läßt Orpheus endlich von den Botschaften ab (die Cégeste gesendet hatte), um Heurtebise in den Bereich des Todes zu folgen – mit Hilfe von Handschuhen, die es ermöglichen, durch die Spiegel zu schreiten. Sie kommen durch eine finstere Gegend und gelangen schließlich in den Palast, in dem ein Hohes Gericht den Tod schuldig spricht, weil er ohne Befehl gehandelt hat. Alle Geheimnisse werden hier gelüftet: die Liebe der Prinzessin zu Orpheus und die Liebe, die Heurtebise unbewußt für Eurydice empfindet.

Orpheus kann seine Frau wiederhaben – unter der Bedingung, daß er sie nie wieder anschaut. Heurtebise wird ihnen helfen, diese Auflage zu erfüllen, deren Schwierigkeiten sie sehr bald begreifen. Als Eurydice spürt, daß sie Orpheus' Liebe nicht zurückgewinnen kann, versucht sie, ein zweites Mal zu sterben: indem sie ihren Mann dazu zwingt, sie anzusehen. Sie erreicht es schließlich und verschwindet für immer.

Fast im gleichen Augenblick dringen die Dichter und die Bacchantinnen in das Haus des Dichters ein, den sie beschuldigen, ihren Freund Cégeste weggeschafft zu haben. Heurtebise verteidigt Orpheus, doch ein Schuß fällt, und der junge Mann bricht tot zusammen. Die Motorradfahrer des Todes drängen die herbeigeeilten Polizisten beiseite und helfen Heurtebise, Orpheus im Wagen der Prinzessin wegzubringen.

Der Tod und Cégeste erwarten sie in der Übergangszone. Doch ihre Liebe der Liebe der Lebenden opfernd, befiehlt die Prinzessin ihren Helfern Heurtebise und Cégeste, Orpheus wieder ins Leben zurückzubringen, an der Seite von Eurydice.

La ville maudite

Ein Junge ist aus seiner Provinzstadt davongejagt worden. Er war aus Wohltätigkeit von einer Familie großgezogen worden und hatte offenbar Einfluß auf die Tochter des Hauses nehmen wollen. Vor der zunehmenden Strenge dieser Familie ist er geflohen und lebt nun von Räubereien und Gelegenheitsarbeiten. Er denkt ständig an das junge Mädchen und daran, sich zu rächen. Er kommt aus dem Wald nahe der Stadt und versteckt sich in einer Holzhauerhütte, in der er früher mit der Kleinen Zigeuner gespielt hatte. Dort steht er plötzlich vor Kindern aus der Stadt, die Pfadfinder sind und im Wald zelten. Sie staunen und sind begeistert von ihm und machen ihn zu ihrem heimlichen Anführer. Er drillt sie gegen die geizigen und bösen Familien. Sie stellen zu Hause Nachforschungen an und bringen ihm Informationen (man denke an Savonarola und seine Gassenjungen).

Eines Tages stöbert der kleine Bruder des Mädchens bei ihr herum und wird dabei von ihr ertappt. Sie fragt ihn aus und erfährt, daß ein fremder Junge die Kinder anführt. Sie beschließt, insgeheim nachzusehen, wer das ist. Sie geht heimlich hin und steht plötzlich vor ihrem alten Taugenichts. Er ist schön geworden. Sie ist betört, ohne es zu wollen, und fängt an, ihn in seinem Versteck mit Lebensmitteln zu versorgen – und versucht, ihn sich fernzuhalten. Am Ende gelingt es ihm, ihr den Horror der kleinen Stadt zu beweisen, in der sie verkümmert, und er macht sie sich zur Komplizin.

Allmählich bemerkt das Mädchen, daß seine Unruhe ihn dazu treibt, anonyme Briefe zu schreiben, usw. Sie will den Jungen retten – sie bittet ihn inständig, auf seine Rache zu verzichten. Er ist einverstanden, wenn sie mit ihm kommt. Sie weigert sich, erschrocken vor einem Vagabundenleben.

Er droht ihr. Tobend vor Zorn denunziert sie ihn – man nimmt ihn fest. Skandal – Prozeß. Die Stadt ist derart gemein, daß das Mädchen gewahr wird, daß sie den Jungen bewundert und ihn retten will. (Er glaubt, ihr Feind geworden zu sein.) Sie beginnt nun, dasselbe Spiel zu spielen, das er mit den Kindern gespielt hatte, und es gelingt ihr, zwei oder drei Familien zu entlarven. Das Unternehmen führt sie auch zu ihrer eigenen Familie, die vor Angst zittert. Die Tatsache, daß die Dinge weitergehen, obwohl der Junge im Gefängnis sitzt, entlastet ihn ein wenig. Man sucht den wahren Schuldigen oder den Komplizen, und man kommt auf das Mädchen. Sie bekennt und beleidigt die Obrigkeit, die Stadt. Man sperrt sie ein. Der Prozeß und die Beziehungen der beiden im Gefängnis (Genre Kartause von Parma) müssen im Film einen breiten Raum einnehmen. Beide werden von den Kindern gerettet, die so aussagen, daß man erkennt, daß ihre Arbeit der Gerechtigkeit diente. Sie kommen frei und werden von den Kindern umringt und mit Beifall überschüttet, die Kinder wollen sie nicht verlassen. Sie gründen ein Kinderheim (moderner Stil), in dem die Kinder eine Art Jugendlager bilden, angeleitet von unseren Helden. Heirat mitten unter den Kindern.

Das ist die große Hauptlinie eines Films der Gewalt, des Waldes und einer kleinen Stadt, die zum Symbol der jungen, über den Schwindel siegreichen Reinheit werden sollen. Auch die Kinder müssen eine große Rolle spielen.

Drei üble Geschichten von großen Familien müssen ein Element in diesem Werk von großer Reinheit sein.

Dieser Film wird den Vorteil haben, alle aktuellen Themen mit einem Element von Liebesgewalt und bürgerlicher Tragödie zu verknüpfen. Sich orientieren an den Dramen der Lyoner Familien.

IV. Jean Cocteau im Gespräch mit André Fraigneau*

André Fraigneau. – Ich möchte, lieber Jean Cocteau, daß sich unser Gespräch auf Ihre filmischen Aktivitäten beschränkt. Können Sie es unter diesem Gesichtspunkt sehen?

Jean Cocteau. – Das ist unmöglich. Denn der Kinematograph ist für mich ein Ausdrucksmittel unter anderen. Ich werde in verschiedene Richtungen abschweifen. Ich verwende den Begriff *Kinematograph* absichtlich, um das Vehikel, das er darstellt, nicht mit dem zu verwechseln, was man üblicherweise *Kino* nennt** – eine ziemlich verdächtige Muse, verdächtig in dem Sinn, daß sie nicht warten kann, während alle anderen Musen warten und man sie in der Position des Wartens malen oder darstellen muß. (...)

A. F. – Ich würde gerne hören, wie Sie Ihre Definition des Kinos als einer Unterhaltung für die Massen präzisieren und wie Sie andererseits den *Kinematographen* als das Mittel eines persönlichen Ausdrucks sehen. Ich denke, daß die Leser den Unterschied dann ebenfalls besser verstehen werden, den Sie beharrlich zwischen den beiden Begriffen machen.

J. C. – Was man gemeinhin Kino nennt, hat sich bis heute nicht als ein Anlaß zur Reflexion präsentiert. Man ging hin, man sah (wenig) und hörte (wenig), ging raus und vergaß. Dagegen glaube ich, daß der Kinematograph eine mächtige Waffe ist, um einen Gedanken zu projizieren, sogar in eine Menge, die sich ihm verweigert. *Orphée* attackiert, intrigiert, ärgert, revoltiert, aber der Film zwingt zu einer Diskussion mit den anderen oder mit sich selbst. Ich verkenne nicht, daß ein Buch gelesen und wiedergelesen werden muß, bis es seinen Platz findet, aber die Kinobesitzer haben beobachtet, daß die Besucher von *Orphée* mehrmals kamen und andere mitbrachten. Außerdem macht auch ein träger oder feindseliger Saal es einigen aufmerksamen Personen möglich, das Werk zu sehen. Ohne diese Säle würden die unbekannten Personen, an die ich mich wende, meine Botschaft nicht empfangen. Das ist die Macht eines derart verbreiteten Vehikels. Sie können sagen, daß

* Das 1951 geführte Gespräch ist hauptsächlich um die Passagen gekürzt worden, in denen Jean Cocteau Dinge sagt, die bereits an anderer Stelle dieses Bandes ausgeführt werden.

** Cocteau gebraucht die Begriffe *cinématographe* und *cinéma* durchweg auf die hier erklärte Weise. Gelegentliche Abweichungen von dieser Regel erklären sich durch den großen Zeitraum, den die in diesem Band versammelten Texte umfassen.

die Botschaft stirbt, wenn ein Werk untergeht. Das ist richtig: mit *Orphée* habe ich ein großes Risiko auf mich genommen. Der Beweis ist erbracht, daß die Neugier, etwas Ungewohntes zu sehen, größer ist als die Trägheit, die das Publikum von schwierigen Filmen abhält. Ich bekomme jeden Tag Briefe, die mir beweisen, daß ich recht habe. Diejenigen, die mir schreiben, beschweren sich generell über das Publikum, mit dem zusammen sie sich vor der Leinwand finden. Sie vergessen, daß dieses Publikum es ihnen überhaupt erst ermöglicht hat, den Film zu sehen.

A. F. – Ich komme auf einen Ausdruck zurück, der mich erstaunt hat: »die Maschine der Bilder«. Was meinen Sie damit? Wollen Sie damit sagen, daß Sie die Bilder des Kinematographen benützen, wie ein Schriftsteller literarische Bilder benützt?

J. C. – Nein. Der Kinematograph erfordert eine Syntax. Diese Syntax erhält man nur durch die Verkettung und den Konflikt der Bilder untereinander. Es erstaunt keineswegs, daß die Besonderheit unserer eigenen Syntax (unser Stil) sich in eine visuelle Sprache übersetzt und den Zuschauer verstört, der an eilig geschriebene Literaturübersetzungen oder an Zeitungsartikel gewohnt ist. Die bewundernswerte Sprache eines Montaigne wäre, in Bilder übersetzt, für jene Zuschauer ebenso schwierig zu sehen, wie sein Text für sie schwierig zu lesen ist.

Meine erste Sorge in einem Film ist es zu verhindern, daß die Bilder fließen; sie gegeneinander zu stellen, sie einzupassen und aneinanderzufügen, ohne ihrem Relief zu schaden. Denn es ist dieses beklagenswerte Fließen, das die Filmkritiker »Kino« nennen und für seinen Stil halten. Sie sagen ständig, ein Film sei vielleicht gut, aber »kein Kino«, oder er habe keine Schönheit, aber er sei »Kino« und so weiter. Das heißt den Kinematographen dazu zu zwingen, lediglich Unterhaltung zu sein – anstatt ein Vehikel des Denkens. Das bringt unsere Richter dazu, in zwei Stunden und in fünfzig Zeilen ein Werk zu verurteilen, das zwanzig Jahre Arbeit und Erfahrung zusammenfaßt.

A. F. – Ich verstehe jetzt Ihr Interesse, als Sie in einem bestimmten Moment Ihrer Karriere entdeckten, daß der Kinematograph ein Vehikel des Denkens sein kann, das sich bei Ihnen in so viele verschiedene Mittel übersetzt. Aber haben Sie mit diesem neuen Mittel eine größere Freiheit gefunden?

J. C. – Nein. Selbst wenn man frei ist zu tun, was man will, gibt es leider doch zu viele schwierige Umstände (Kapital, Zensur, Verantwortung den Künstlern gegenüber, die sich bereit erklären, erst später bezahlt zu werden), um das zu sein, was ich völlig frei nenne.

Ich spreche nicht von echten Konzessionen, sondern von einem Verantwortungsgefühl, das uns leitet und uns erlahmen läßt, ohne daß wir uns dessen ganz bewußt werden. Ich war nur bei *Le sang d'un poète* völlig frei, weil das ein privater Auftrag (des Vicomte de Noailles, wie bei Buñuels *L'Age d'or*) war und ich die filmische Kunst noch überhaupt nicht kannte. Ich erfand sie für mich und benützte sie wie ein Graphiker, der seinen Finger zum ersten Mal in Tusche taucht und ein Blatt damit bekleckst. Charles de Noailles hatte bei mir einen *Trickfilm* bestellt. Ich wurde mir sehr schnell darüber klar, daß der Trickfilm eine Technik und ein Team voraussetzt, die es in Frankreich damals noch nicht gab. Ich schlug ihm also einen Film vor, der so frei sein sollte wie ein Trickfilm – ich wollte Gesichter und Schauplätze wählen, die so frei wären wie ein Maler, wenn er eine ihm eigene Welt erfindet. Ich kann sogar sagen, daß der Zufall – oder wenigstens das, was man Zufall nennt (und der es nie für diejenigen ist, die sich von einer Arbeit hypnotisieren lassen) – mir oft geholfen hat. Ohne diese Schikanen im Studio zu vergessen, in dem man mich für übergeschnappt hielt. Ich werde Ihnen für diese Schikane ein Beispiel geben. Ich beendete den Film *Le sang d'un poète*. Man befahl den Putzfrauen, das Studio noch während unserer letzten Aufnahmen zu fegen. Ich wollte mich schon beschweren, doch mein Kameramann (Périnal) bat mich, es nicht zu tun. Er hatte gerade bemerkt, daß die Schönheit der Bilder aus dem Licht der Bogenlampen herrührte, die durch den von den Putzfrauen aufgewirbelten Staub leuchteten.

Ein anderes Beispiel. Ich kannte keinen einzigen Namen aus dem Filmmilieu. Ich schrieb an alle Kameramänner und bat sie um ein Treffen am nächsten Morgen um sieben Uhr. Ich war entschlossen, den ersten zu nehmen, der sich zeigte. Es war Périnal, dem es zu verdanken ist, daß die Bilder in *Le sang d'un poète* es mit den besten Bildern unserer Tage aufnehmen können. Unglücklicherweise enthielten die Kopien der Filme früher Silbersalze, und sie folgten einem heute unmöglichen Rhythmus. Deswegen ist die Filmkunst so anfällig. Eine sehr alte Kopie von *Le sang d'un poète* ist ebenso brillant und plastisch wie irgendein moderner amerikanischer Film, während neuere Kopien alt aussehen und die Wirkung des Werks beeinträchtigen.

Man kann aber auch Beispiele für das Gegenteil finden. Hier ein Beweis. Einer meiner Freunde, dessen Intelligenz ich schätze, mochte *La belle et la bête* nicht. Ich traf ihn eines Tages an der Ecke der Champs-Elysées und der Rue La Boétie. Er fragte mich, wohin ich gehe und ob er sich anschließen könne. »Ich gehe«, antwortete ich, »um an einer Untertitelung von *La belle et la bête* zu arbeiten, und ich möchte dir um nichts auf der Welt dieses Schauspiel zumuten.« Wir gingen trotzdem zusammen, und ich vergaß ihn in einer Ecke des kleinen Saales. Ich arbeitete mit meiner Cutterin an einem sehr alten Filmstück, nahezu unvorführbar, grau und schwarz, voller Kratzer und Flecken. Am Ende der Sitzung suchte ich meinen Freund, und er eröffnete mir, daß er den Film bewundernswert finde. Ich schließe daraus, daß er den Film jetzt aus der Distanz gesehen hatte, wie in einem Filmklub, wo man nur schlechte Kopien zeigt, die einzigen, die uns bleiben.

A. F. – Diese Zufälle, dieses Elend, diese Pracht des filmischen Ausdrucks zusammen mit der Schwierigkeit, unmittelbar verstanden, das heißt in einer flüchtigen Vorführung aufmerksam gesehen und gehört zu werden, scheinen mir die Möglichkeit der *Dauer* für eine vom Film artikulierte Botschaft zu erschweren und zu hemmen.

J. C. – In der Tat, das Problem der unvermeidlichen Unsichtbarkeit eines Werks, das sich den Gewohnheiten entgegenstellt, die die Dinge sichtbar machen, ich meine das Problem der Unsichtbarkeit aufgrund von Gewohnheiten, die man im Kontakt mit dem gewonnen hat, was sichtbar geworden ist und es ursprünglich nicht war, dieses Problem ist fast nicht zu lösen, sobald man den Kinematographen als eine Kunst behandelt, als ein Vehikel des Denkens, ohne auf Tricks zurückzugreifen, die dieses Denken im Augenblick sichtbar machen und es in der Zukunft verurteilen. Keine Zukunft für einen Film, oder aber, wenn wir annehmen, daß die amerikanischen Gesetze vernünftig werden und man nicht länger eine in bestimmter Weise erzählte Geschichte zerstört, damit man sie noch einmal erzählen kann, eine Zukunft der Filmklubs und einiger weniger Liebhaber. Ein Film wird also den umgekehrten Weg jener Werke gehen, die auf einer kleinen Stufe beginnen und zu einer großen kommen, wenn sich ihre Wirkung zeigt. Der industrielle Mechanismus zwingt ihn, auf einer hohen Stufe anzufangen und – vielleicht – sich die kleine zu verdienen, wenn die tausenderlei Gefahren, die ein Negativ gefährden, wenn der Fortschritt, der die Apparate und das Material verändert, wenn das Feuer oder die Fahrlässigkeit der Menschen es erlauben.

Ein Film, der diesen Namen verdient, trifft auf dieselben Hindernisse wie das Bild eines Malers, sei es von Vermeer, van Gogh oder Cézanne. Aber ihn verurteilt man dazu, im Museum zu beginnen, in das die Gemälde am Ende gelangen. Man wirft ihn der Menge vor. Anschließend wird er klassifiziert, und anstatt zum Publikum zu gelangen, steigt er wieder empor und kann nur noch auf wenige Personen rechnen, die denen gleichen, die die Bilder der Maler sahen, ehe Auge und Geist sich an sie gewöhnten. Kurz, das Gemälde, das anfangs nicht einmal einen Centime kostete, wird Millionen wert sein, und der Film, der anfangs Millionen kostete, wird nur im Ruin überleben, wenn er überlebt.

A. F. – Nach diesen allgemeinen Äußerungen über den filmischen Ausdruck bitte ich Sie, mir eine persönlichere Frage zu erlauben. Und Sie sollten mir versprechen, sie so ausführlich wie möglich zu beantworten. Können Sie mir die tieferen Motive angeben, die Sie als ersten unter den Dichtern dazu brachten und nach einer langen Pause erneut dazu brachten, diese *Form* zu verwenden, die die Mehrzahl der Literaten verachtet, allerdings immer weniger?

J. C. – Ehe ich Ihnen das Wesentliche beantworte, werde ich Ihnen sagen, daß die Literaten eine gute Entschuldigung haben: die Filmkunst ist eine handwerkliche Kunst, eine manuelle Kunst. Wenn ein Mensch ein Werk schreibt und ein anderer es auf die Leinwand bringt, so ist das eine *Übersetzung*, und für einen wahrhaften Schriftsteller (oder für einen, der sich nur für seine Tasche interessiert) ist das äußerst uninteressant. Damit die Filmkunst sich eines Schriftstellers als würdig erweist, muß der Schriftsteller sich dieser Kunst als würdig erweisen, das heißt, nicht ein mit der linken Hand geschriebenes Werk interpretieren lassen, sondern sich mit beiden Händen um dieses Werk bemühen und ein *Objekt konstruieren,* dessen Stil seinem Schreibstil gleicht. Es ist also normal, daß ein Mensch des Papiers und der Tinte, was ihn selbst anlangt, sich nicht für Filme interessiert und sie nicht einmal als Propaganda für sein Denken ansieht. Doch jetzt zu den persönlichen Problemen, nach denen Sie fragen:

1. Ich bin Zeichner. Natürlich sehe und höre ich, was ich schreibe, und gebe ihm eine plastische Form. Wenn ich einen Film drehe, werden die Szenen, die ich inszeniere, für mich zu bewegten Zeichnungen, zu malerischen Inszenierungen. Wenn Sie nach Venedig fahren, werden Sie unmöglich Tiepolo oder Tintoretto sehen, ohne von der Inszenierung ihrer Gemälde erstaunt zu sein, von der Einzigartigkeit ihrer Ausschnitte, bei denen womöglich ein Fuß links unten aus dem Bild ragt (ich will nichts behaupten, aber ich glaube, es ist beim *Schlaf Christi auf dem Boot während des Sturms* von Tintoretto). Diese Methode zwingt mich dazu, in Frankreich zu arbeiten, wo noch eine gewisse Unordnung und Anarchie herrschen. Das strenge Gewerkschaftswesen in Hollywood und London erlaubt es nur durch eine Vielzahl von Spezialisten, sich in die Arbeit

einzumischen. In Frankreich arbeitet man eher familiär, und niemand regt sich auf, wenn man in seine Sonderrechte eingreift: Licht, Dekorationen, Kostüme, Schminke, Musik usw. All das liegt in meiner Hand, und ich arbeite eng mit meinen Helfern zusammen. Der Film wird also nach den eigenen Worten meines Teams ein Ding von mir, zu dem sie ihre Hilfe und die Ratschläge ihres Wissens beigesteuert haben.

2. Der Kinematograph ist nicht mein Beruf. Ich will damit sagen, daß nichts mich zwingt, einen Film nach dem anderen zu machen, Darsteller für Sujets zu suchen und umgekehrt. Das ist ein ernstes Handicap. Es ist leichter, von Zeit zu Zeit einen Film zu machen, wenn man große Lust dazu verspürt, als unablässig in Büchern und Stücken zu blättern und sich während der Dreharbeiten an einem Film den Kopf schon über den nächsten zu zerbrechen.

3. Manchmal frage ich mich, ob mein anhaltendes Unbehagen nicht von einer unglaublichen Gleichgültigkeit den Dingen dieser Welt gegenüber herrührt, ob meine Werke nicht ein Kampf sind mit dem Ziel, mich der Dinge zu bemächtigen, die die anderen beschäftigen, ob mein Wohlwollen nicht das ständige Bemühen ist, den Mangel an Kontakt mit den anderen zu überwinden.

Wenn ich nicht gerade das Vehikel einer unbekannten Macht bin, der ich unbeholfen zu einer Form verhelfe, kann ich nicht lesen, nicht schreiben, nicht einmal denken. Diese Leere grenzt an Qual. Ich schmücke sie aus, so gut ich kann, wie man im Dunkeln singt. Übrigens gibt sich meine Dummheit als Medium einen Anschein von Intelligenz, die meine Ungeschicklichkeit als große List erscheinen läßt und meine traumwandlerische Arbeitsweise als akrobatische Beweglichkeit.

Die Chance ist gering, daß sich dieses Geheimnis eines Tages aufklärt, und ich glaube, daß ich nach meinem Tod ein Mißverständnis ertragen muß gleich jenem, das mich im Leben behindert.

Je mehr manuelle Arbeit ich habe, desto lieber glaube ich, daß ich an irdischen Dingen teilhabe, und desto mehr bemühe ich mich um sie, wie man sich an ein Treibgut klammert. Deswegen habe ich mich an den Kinematographen gehalten, bei dem jede Minute Arbeit ist und mich vor der Leere abhält, in der ich mich verliere.

Wenn ich erkläre, daß ich keine Ideen habe, dann will ich damit sagen, daß ich Umrisse von Ideen habe, deren Herr ich nicht bin, und daß ich eine Arbeit nur beginne, wenn eine Idee – anstatt daß ich sie habe – *mich hat,* mich beschäftigt, verstört, so sehr quält, daß ich sie beinahe verwerfe, sie um jeden Preis loswerden will. Die Arbeit ist für mich eine Qual. Nach getaner Arbeit ist die Abwesenheit von Arbeit wiederum eine Qual. Die Leere beginnt wieder und redet mir ein, daß ich nie wieder arbeiten werde.

A. F. – Erklärt das Wechselbad zwischen diesem kreativen Fieber und der sich anschließenden Leere vielleicht Ihren periodischen Wohnortwechsel, Ihr Hin und Her zwischen Paris und dem Land?

J. C. – Ich bemühe mich, von den Städten wegzugehen, weil ich dort kein Stadtleben führe und mir nur Nachteile einhandle. Allerdings geben mir diese Nachteile die Illusion eines aktiven Lebens. Weit weg von den Städten zeigt sich nackte Leere. Es kommt vor, daß ich in meinem Haus herumlaufe, ohne zu wissen warum, bis ich mich grundlos an der Treppe wiederfinde oder in meinem Zimmer. Mit anderen Worten, ich finde weder im Gedränge noch in der Einsamkeit mein Gleichgewicht. Mir scheint, das Gespräch ist meine einzige Zuflucht, der einzige Spielplatz, auf dem es mir gelingt, mich selbst zu überlisten, indem ich dem Ball hinterherlaufe. Im Gespräch kann ich mir Illusionen über meine Einsamkeit machen. Ich schmeichle mir dann, ohne die Hilfe einer unbekannten Macht zu etwas fähig zu sein. Ich glaube mich frei, und ich mißbrauche dies bis zur Schwatzhaftigkeit, wie jemand, der schneller und schneller läuft, weil er Angst hat. Doch die Beleuchtung ändert sich, sobald ich wieder allein bin. Ich frage mich, ob ich nicht von Geheimnissen profitiert habe, die nicht meine sind, ob ich nicht geheimnisvolle Mechanismen auseinandergenommen habe, kurz, ob ich nicht den Zorn jener unbekannten Kraft auf mich gezogen habe, deren Untergebener ich bin und deren Herr zu sein ich vorgab. Ob ich nicht den Mascarille* gespielt habe. Meine Scham ist ein neuer Anlaß von Angst und Furcht. Ich spüre das jedesmal, wenn jemand gegangen ist, bei dem ich mich sehr wohl gefühlt habe.

A. F. – Es gibt bei Ihnen nicht nur das Unbehagen der Stille oder des Umgangs mit anderen. Sie haben zahlreiche Krankheiten, die anscheinend jedoch Ihre Aktivität nicht beeinträchtigen. Pascal hätte anerkannt, daß Sie einen »guten Gebrauch« davon gemacht haben ...

J. C. – Man war erstaunt und sogar schockiert darüber, daß ich mich in *Le journal de la belle et la bête* und in *La difficulté d'être* so ausführlich über die schlimmsten Hautkrankheiten verbreitet habe. Doch man muß begreifen, daß die Krankheit mich unablässig beschäftigte und mir einen Umgang ersetzte. Sie machte einen sensiblen Menschen aus mir, statt ein gefühlloses Phantom. Sie machte mich menschlich und gestattete mir eine

* Intriganter Typ in der französischen Komödie des 17. und 18. Jahrhunderts.

der Vergnügungen (wie etwa die Jagd), denen die Menschen sich zur Zerstreuung hingeben. Ich leide, also bin ich. Das erklärt jene Schamlosigkeiten. Das zweite Stadium war: Ich bin, also denke ich. Dieser Beweis meiner menschlichen Existenz verpflichtete mich zu denken und mich nicht in einem schmerzlosen Schlaf zu verlieren.

Ich lebe intensiv erst im Schlaf und im Traum. Meine Träume sind detailliert, schrecklich realistisch. Sie ziehen mich in zahllose Abenteuer, sie bringen mich mit Menschen und Orten in Berührung, die nicht existieren, wenn ich wach bin, und für die mir das Phänomen des Traums noch das kleinste Detail, die geringste Geste, das geringste Wort erfindet. Am Morgen versuche ich, das alles wegzuwischen, so sehr fürchte ich mich davor, die beiden Welten zu vermischen und das Unbegreifliche noch um das Unbegreifliche zu vermehren. Es ist nur natürlich, daß der Tod mich nicht erschreckt, daß er mir als eine Zuflucht erscheint. Andererseits, da ich kein Gefühl für die Zeit habe, da ich meine Altersstufen und meine Bezugspunkte durcheinanderbringe, indem ich das Gestrige Jahre zurück verlege, da ich mich nicht daran erinnern kann, in welcher Reihenfolge meine Werke entstanden sind, da ich ganze Perioden meines Lebens vergesse, aber dafür mich sehr klar an kleinste Details erinnere, die sich keiner bestimmten Zeit zuordnen lassen, ist es natürlich, daß ich mir vorkomme, als sei ich mitten in einem Blinde-Kuh-Spiel, in dem ich mit verbundenen Augen und tastenden Händen umherstolpere, von spöttischem Gelächter umgeben.

Man vergißt das Alter, das im Organismus, das heißt im Zentrum der Kreativität Störungen verursachen muß, die ihm das Funktionieren erschweren. Man wird trübsinnig und nimmt es für Weisheit. Man verliert die Lebendigkeit. Die Beschwerden, die das Gesicht entstellen, treten nur äußerlich auf. Ich stelle mir vor, daß das Vehikel der dunklen Kräfte, die in uns sind (das Vehikel, das es erlaubt, unsere Nacht an den hellen Tag zu bringen), diese Kräfte immer weniger dazu antreibt, sich zu äußern. Sie senken sich tief in uns und überwintern irgendwie. Das Vehikel hat nicht mehr die Muskeln und Nerven, die einst den rätselhaften Übergang vom Denken zum Handeln ziemlich geschmeidig machten. *Die Angst vor dem Handeln,* von der Freud spricht und die die meisten Dichter quält, wird zu einer *Sklerose des Handelns,* und diese Sklerose verstärkt sich dadurch, daß unsere professionelle Ehrlichkeit fürchtet, nicht auf der Höhe unserer intimen Dunkelheiten zu sein und ihnen schlecht zu dienen.

A. F. – Wenn man Sie reden hört und leben sieht, begreift man, daß die Arbeit des Dichters sternenweit entfernt ist von der romantischen

Sehnsucht der Seele. Es scheint, daß wie die Dummheit so auch die Langeweile nicht gerade Ihre Stärke ist...

J. C. – Ich hatte nie Langeweile gekannt, ein gestaltloses Monster, dessen Verwüstungen ich rings um mich sah. Ich wunderte mich, daß die Menschen sich langweilen, und ich fragte mich, wie das möglich sei. Und plötzlich lernte ich dieses ausdruckslose Gesicht kennen, das zu befragen sinnlos ist, weil es nicht antworten will. Ich lernte es nach einer exzessiven Tätigkeit kennen, deren Pausen mich zur Untätigkeit verdammten, während diese Untätigkeit früher mein Rhythmus war und sich mit Ideen und Handlungen füllte. Aber die menschliche Natur ist so beschaffen, daß sie sich schnell vergiftet, und daß eine solche Vergiftung (beispielsweise durch einen Film) eine Entgiftung verlangt, die ebenso langsam und schmerzhaft ist wie eine Entwöhnung von Opium. Man hat die Hände leer, sie hängen kraftlos herunter und sträuben sich gegen den Federhalter. Einem Menschen, der Leitern hinauf- und hinunterstieg, Künstler anleitete, Teams von Technikern und Elektrikern dirigierte, erscheint das Schreiben sehr mühsam.

Deswegen besteht meine Therapie zur Zeit darin, mir diese Aufregung abzugewöhnen, die den Wein aufwühlt und daran hindert, sich in der Flasche zu setzen.

Es ist wichtig, zum Geheimnis zurückzukehren, zu Büchern, die wenig gelesen werden, zu Gedichten, die ein Gipfel der Einsamkeit sind. Ich manövriere von einem Zustand zum anderen, durch Kontakte, durch Gespräche, durch Training, in dem der Geist wieder lernt, unvermittelt zu leben. Deswegen spreche ich mit Ihnen, und ich finde darin ein Heilmittel gegen dieses schlimme und unannehmbare Übel: die Langeweile mit ihrem Gefolge des vielen »Wozu? Was tun? Wohin gehen?«, das geradewegs in die Katastrophe mündet.

4. Weil ich vom Traum gesprochen habe, muß ich auch sagen, daß die Arbeit an einem Film, so wie ich sie verstehe, die im Morgengrauen beginnt und sich bis in die Nacht hinein fortsetzt, die einem nie eine freie Minute läßt, weil man selbst beim Essen mit seinem Team über die Arbeit spricht, daß diese Arbeit so dicht ist und einen so weit von der Welt und ihren Gewohnheiten entfernt, daß sie dem Traum gleicht – denn nur die Menschen und Handlungen im Traum zählen, und man sieht und hört nicht mehr, was draußen vor sich geht, gleich einem Schläfer, der vom Leben seines Traums zu sehr in Anspruch genommen ist, um wahrzunehmen, wie das wirkliche Leben in Gestalt von Zeitungen, Briefen, Freunden sein Zimmer betritt. Das Erwachen aus solch einem Traum ist

äußerst schmerzhaft, und alle Teams kennen die Beklommenheit der letzten Minuten eines Films, wenn die Menschen, die eine Zeit zusammen verbracht haben, sich in alle Richtungen zerstreuen. Zweifellos ist es die Erinnerung an diesen Traum, die uns in der Einsamkeit wieder ergreift und uns von neuem in jenes seltsame Tohuwabohu stößt, gegen das unser ganzes Sein sich zu sträuben scheint. Das ist das Gegenteil der Erschöpfung. Der erschöpfte Mensch will schlafen und träumen. Der ruhende Mensch kehrt zurück zu diesem aktiven Traum des Kinematographen.

A. F. – Ich vermute, daß Filme, die eine weite Verbreitung finden, Ihnen möglicherweise mehr Kontakt und Verständnis eingebracht haben als Bücher und Gedichte in kleiner Auflage, die, rasch vergriffen und von den Verlegern nur zögernd nachgedruckt, leider fast nirgends mehr zu finden sind?

J. C. – In einer Hinsicht ja, in anderer Hinsicht nein. Berühmt zu sein heißt nicht, bekannt zu sein. Berühmt und unbekannt zu sein ermöglicht es, entdeckt zu werden. Ein fernes Publikum, das nur meinen Namen kennt und ein paar Gerüchte über mich, wird einen Film sehen, der auf eine bestimmte Weise allgemeinverständlich ist, trotz der Texte, dank jenes visuellen Stils, über den ich gesprochen habe, des Stils der Bilder.

Vor langer Zeit las ich einmal in einem Katalog von Hochzeits- und Bankett-Ausstattungen: »Seltenes Objekt«. Ich weiß nicht, was für ein Objekt das war und wie es aussah, aber ich mag, daß es existiert, und ich liebe es, davon zu träumen.

Ein Werk muß ein »seltenes Objekt« sein. Es muß sich gegen vulgäre Annäherungsversuche zur Wehr setzen, gegen die trüben Geschäfte, die es welk machen und deformieren. Man darf nicht wissen, wo man es anfassen soll; das stört zwar die Kritiker, ärgert sie und veranlaßt sie zu Beleidigungen, aber es hält das Werk frisch. Je weniger es verstanden wird, desto weniger schnell entblättert es sich und desto langsamer welkt es. Ein Werk muß Fühlung nehmen, sei es auch durch Mißverständnisse, und seine Reichtümer verbergen, sie nur Stück für Stück und allmählich offenbaren. Ein Werk, das kein Geheimnis bewahrt und sich allzu schnell hergibt, läuft Gefahr zu erlöschen und nichts zu hinterlassen als einen abgestorbenen Stumpf.

Voltaires Theater ist das typische Beispiel für den raschen Triumph, für die weit geöffneten Blumen, die am nächsten Morgen verwelken. Mademoiselle Clairon*, die ein wacher Geist gewesen zu sein scheint,

* Claire Josèphe Clairon, Schauspielerin vor allem tragischer Rollen (1723 bis 1803).

sprach wohlwollend über ihre Rollen bei Racine, aber sie begeisterte sich nur für ihre Rollen bei Voltaire. Racine spielt man immer noch, Voltaire nicht mehr.

Nietzsche schreibt (in *Die fröhliche Wissenschaft,* wenn ich nicht irre): »Man muß zwischen Ruhm und Ehre wählen; willst du den Ruhm, so gib die Ehre auf.«

Denn die Ehre geht sichtbar einher, während die Schönheit nahezu unsichtbar ist, sich auf sich selbst konzentriert, ihren Atem spart. Ein Film, den wir gemacht haben, erzwingt unsere Gegenwart, ich würde sagen unsere Unterschrift, ohne unser Werk zu verpfuschen, das er erklärt und das uns hindert, ganz den Kontakt zu denen zu verlieren, die uns womöglich verstehen.

Ich bin unbekannt und ich beglückwünsche mich, es zu sein und nur in jenen beklagenswerten Momenten darunter zu leiden, in denen der Mensch das Bedürfnis nach Kontakten, nach Wärme verspürt. Es ist unser Schlamm, der sich artikuliert. Sobald die Seele ihr Gleichgewicht wiederfindet, beglückwünscht sie sich dazu, gute Keller zu haben, in denen der Wein reift. In schlechten Momenten träumt sie von einer Orgie, bei der dieser Wein in Strömen fließt und die ganze Welt berauscht.

Was in diesen Momenten die Einsamkeit steigert, ist das Wissen, daß die Mehrzahl der Menschen nur für den Augenblick lebt und nur den Augenblick fühlt. Ein guter Abend mit blauem Dunst vor den Augen ist ihnen immer noch wichtiger als ein Abend, der sie zum Nachdenken zwingt und zur Rückkehr zu sich selbst.

Ich war sehr glücklich, als ich erfuhr, daß eine bestimmte Zahl von Zuschauern wiederkam, um *Orphée* noch einmal zu sehen (fünf- oder sechsmal sogar), was die Kontrolleure sehr erstaunte. Das bedeutet etwas, weil das *Kino* sonst nur als ein Durchgangsort betrachtet wird, den man aufsucht, um sich zu zerstreuen, so wie man ein Bier trinkt.

Deshalb ist die Rolle der *Filmklubs* so wichtig, und wir müssen ihnen mit all unseren Kräften helfen. Aus diesem Grund habe ich es auch akzeptiert, Präsident der Vereinigung der Filmklubs zu werden. Leider sind manchmal sogar die Filmklubs nicht imstande, die alten Streifen aufzutreiben, da der industrielle Wirbel sie unterdrückt, um die neuen Filme einzusetzen. So glaubt man auch, daß die großen Schauspielerinnen, zum Beispiel Greta Garbo, ein Privileg besäßen, das Rachel und Sarah Bernhardt nicht besaßen. Nichts dergleichen. Es ist heutzutage unmöglich, etwa die Garbo in der *Kameliendame* jungen Menschen zu zeigen, die den Film zu seiner Zeit nicht sehen konnten. Die Kopien sind sorgsam zerstört worden. Die *Kameliendame* muß mit neuen Stars und mit allen Mitteln des Fortschritts (Farbe, Relief usw.) neu gedreht werden. Eine Katastrophe. Madame B., die Leiterin der New Yorker Kinemathek, hat dieselben Schwierigkeiten wie Langlois von der französischen Cinématheque, wenn sie einen Film dem Vergessen entreißen will. Man verweigert es ihr. Chaplin entgeht diesem barbarischen Gesetz der Zerstörung, denn er ist seine eigene Firma und braucht nicht das Opfer des schnellen Umsatzes zu werden. Dennoch werden immense Summen verlangt, wenn man von einem seiner Filme eine neue Kopie ziehen lassen will, und daß man hin und wieder noch die alten Kopien sehen kann, liegt nur daran, daß damals die zerstörerischen Gesetze noch nicht existierten. René Clair verlangt deswegen, daß ein umfassendes staatliches Filmarchiv eingerichtet wird.

A. F. – Kommen wir nun, wenn Sie gestatten, zur detaillierten Geschichte ihrer kinematographischen Aktivität, und bemühen wir uns, ihr chronologisch zu folgen. Lassen Sie uns mit *Le sang d'un poète* beginnen.

J. C. – Die Tatsache, daß ich zwischen meinem ersten Film und den anderen zwanzig Jahre verstreichen ließ, ist ein Beweis dafür, daß ich ihn als eine Zeichnung oder ein Gedicht angesehen habe. Eine so wertvolle Zeichnung, ein so wertvolles Gedicht, daß es mir unmöglich war, andere ins Auge zu fassen. Denken Sie daran, daß bereits der Mäzen selten ist, der einem Dichter die Chance gibt, sich visuell zu artikulieren. Und die Million, die der Mäzen damals hergab, hätte sich inzwischen verhundertfacht. Man täuscht sich, wenn man von einer Teuerung spricht. *Eins* bleibt *eins* und *hundert* bleibt immer *hundert*... Niemand wird einem jungen Mann hundert Millionen geben, damit er sich artikuliert, wie es ihm gefällt. Das geschah lediglich Buñuel und mir, und wir beide sind dem Vicomte de Noailles noch immer dankbar dafür. Bei Buñuel geht die Dankbarkeit sogar soweit, daß er zuläßt, daß das Negativ von *L'Age d'or* nicht mehr verwendet wird, weil der Film ähnlich wie meiner schreckliche Skandale in den Kreisen unseres Mäzens ausgelöst hatte. Das alles ist lange her. Man nennt *Le sang d'un poète* einen surrealistischen Film, obwohl er sich den Filmen dieser Bewegung (die damals noch kaum einen Namen hatte) entgegenstellte, und neulich erzählte mir Buñuel, daß man im Ausland zuweilen *Le sang d'un poète* ihm zuschreibe und *Le chien andalou* mir – kurz, daß unsere damals so entgegengesetzten Stile sich mit der Zeit vermischen, bis man sie verwechselt. In den Büchern über die siebte Kunst heißt es oft, ich sei von Buñuel beeinflußt worden. Das ist absurd, denn *L'Age d'or* und *Le sang d'un poète* wurden zur gleichen Zeit, aber weit voneinander entfernt gedreht, und erst hinterher, als wir uns zusammentaten, zeigte mir Buñuel *Le chien andalou,* den ich noch nicht kannte. An diesem Punkt unseres Dialoges (der allmählich zu einem Monolog wird!) muß ich darauf hinweisen, daß in New York *Le sang d'un poète* seit fünfzehn Jahren in ein und demselben Saal gezeigt wird. Das ist die längste Sondervorstellung, die es je gab. Überall im Ausland spielt man immer wieder *Le sang d'un poète* und *Le chien andalou,* und ich glaube, daß man auch *L'Age d'or* spielen würde, wenn Buñuel nicht so heikel wäre. Aber heute würde kein Produzent solche Filme wagen, ihre Einsamkeit beweist es, während keiner der sogenannten »kommerziellen« Filme dieser so wendigen Produzenten eine vergleichbare Zahl von Vorführungen erreicht. Sie werden Ihnen antworten, das seien Ausnahmefälle, aber Ausnahmen könnten sich wiederholen.

A. F. – Und *Orphée*?

J. C. – Ich kann Ihnen sagen, daß bereits *Orphée* (der zwanzig Jahre später das ungeschickt mit einem Finger gespielte Thema von *Le sang d'un poète* orchestriert) einen berühmten Produzenten, der vom Erfolg meines Films überrascht war, zu der Äußerung veranlaßte: »Man braucht heutzutage nur auf dem Kopf zu gehen, um Geld zu verdienen; das ist nicht schwer!« Wohlan, soll er es versuchen.

A. F. – Wie war es Ihnen dann möglich, trotz dieser prinzipiellen Opposition *Orphée* zu machen?

J. C. – Ich werde das später beantworten, aber Sie müssen wissen, daß ich mein Risiko kannte und das Risiko, das ich meinen Schauspielern aufbürdete, ohne deren Großzügigkeit der Film nicht hätte gemacht werden können – sie waren damit einverstanden, prozentual am Erfolg teilzuhaben. Die Überschreitungen, die ich nicht vermeiden konnte, hatte ich auf mich genommen, denn wir drehten in den Ruinen von Saint-Cyr, nachts, das heißt wir brauchten Generatoren. Ein Film wie *Orphée* kann durch ein Wunder zu einer guten Sache werden, aber das ist er anfangs noch nicht, und er unterliegt in keiner Weise den geläufigen Mechanismen der Filmindustrie. Der Vicomte de Noailles machte uns, Georges Auric und mir, mit *Le sang d'un poète* ein Geschenk, aber *Orphée* mußte die Millionen einspielen, die der *Crédit national* und der Verleiher uns vorschossen. Nur langfristig können wir etwas zurückgewinnen. Ich werde im Detail über den Film sprechen, wenn wir zu ihm kommen, aber es scheint mir notwendig, das Publikum über die zahllosen Schwierigkeiten zu unterrichten, die wir schon vor der ersten Kurbeldrehung zu lösen haben, auch wenn unsere Situation hoffnungsvoll aussieht.

A. F. – Nun gut, kommen wir zu Ihrer ersten Kurbeldrehung. Aber jetzt will ich Sie erst einmal mit meinem Gedächtnis überraschen. Ich erinnere mich, weil ich das Glück habe, Sie seit sechsundzwanzig Jahren zu kennen, an Ihren ersten filmischen Versuch. Sie waren damals sehr damit beschäftigt. Diesen Versuch hatten Sie lange vor *Le sang d'un poète* mit Ihren eigenen Mitteln unternommen; ganz allein und mit der Phantasie eines Amateurs. Wir hatten damals beide sehr darüber gelacht. Was für Abenteuer! Und vor allem, was für Mißhelligkeiten. Die Geschichte war so komisch, daß Sie sich entschlossen, sollte der Film jemals vorgeführt werden, ihn *Jean Cocteau macht Kino* zu nennen, im Stil der damaligen Chaplin-Titel: *Charlie rutscht aus* usw. Vor allem, es gab ein unglaubliches Studio, das *Studio des Cigognes,* das von einer Dame geführt wurde. Ich erinnere mich auch, daß Sie – bereits nach dem Stil suchend, der später Ihr Stil in *Le sang d'un poète* werden sollte – Ihre Schauspieler bereits in feuchte Kleider steckten; daß diese Kleider durch warmes Wasser gezogen wurden, und daß sich die armen Schauspieler, weil sie zwischen den Aufnahmen herumsaßen, die Bronchitis holten; daß Sie vom grellen Licht drei Tage lang blind waren, ich kann nicht alles erwähnen. Was ist aus diesem Film geworden, der niemals vorgeführt wurde, nicht einmal für Freunde?

J. C. – Ich weiß, daß Pierre Braunberger danach geforscht hat, aber ich kann Ihnen nicht antworten, weil die Welle, die alles wegschwemmt, was ich besitze, auch die Kassette mit jenem Film weggeschwemmt hat. Von ihm ist keine Spur geblieben. Übrigens, was ist wohl aus der Leiterin des *Studio des Cigognes* geworden, einer sehr merkwürdigen Dame – eines Tages gab es keinen Strom, und ich fragte sie: »Was ist los?«, und sie antwortete mir: »Ich habe die Hebel heruntergedrückt, warten wir also, bis der Strom kommt!«

A. F. – Ich komme auf den Titel zurück: *Jean Cocteau macht Kino,* einen von Chaplin inspirierten Titel. Sie hatten damals wohl eine große Bewunderung für Chaplin?

J. C. – Ich bewunderte die Filme von Chaplin, die verlorenen Filme von Buster Keaton (einen vor allem, den mit den Chinesen) und die Filme von Harry Langdon, der alle seine Produzenten ruinierte, weil die Amerikaner seine Komik schauerlich fanden. Von ihm sind lediglich ein paar 16-mm-Kopien übriggeblieben, die Henri Filippachi gehören, mit dem ich ebenfalls im letzten Jahr einen 16-mm-Film gedreht habe, der womöglich ebenso unbekannt bleibt wie der von Cigognes: *Coriolan.*

A. F. – Warum unbekannt?

J. C. – Weil wir ihn auf dem Land gedreht haben, an zwei Sonntagen, mit den gerade anwesenden Personen. Ich spiele an der Seite von Jean Marais, Josette Day und einer Puppe, die ich mir aus dem Fundus im Studio besorgte und um die sich der Film dreht.

A. F. – Ich sehe nicht, warum das den Film prinzipiell daran hindern sollte, vorgeführt zu werden ...

J. C. – Also: Filippachi, dem die Aufnahme- und Vorführapparate gehörten, ist ein Liebhaber von Maschinen und vom Angeln. Ich vermute, daß er jenes schreckliche Dokument wie einen Schatz bewahrt und es nur höchst selten zeigt. Rossellini hat den Film gesehen und findet ihn sehr schön. Er heißt *Coriolan,* weil ich als Adlerjäger auftrete, begleitet von der Musik aus *Coriolan.* Ich verdächtige Filippachi außerdem, daß er befürchtet, man könnte diesem sonntäglichen Vergnügen eine unangemessene Bedeutung geben. Es wäre beklagenswert, wenn dieses tragische Spielzeug zum Anlaß von Auseinandersetzungen zwischen Filmklubs würde. Unnütz Ihnen zu sagen, daß das Geheimnis, das diesen Film umgibt, ihn reizvoller macht und daß man ihn um jeden Preis in allen Ländern der Welt von mir haben will. Warum sollte ich akzeptieren? Es ist in unserer Zeit ein großer Luxus, ein unsichtbares Werk zu besitzen, das eines Tages ganz interessant werden könnte.

A. F. – So schließt also der »Amateur« des *Studio des Cigognes* bis zu seinem neuesten Film einen Kreis, denn das 16-mm-Format ist ein Mittel des Amateurs. Was denken Sie, kann dies für die jungen Leute bedeuten, die heute ja nicht mehr von Mäzenen unterstützt werden?

J. C. – Meine Antwort unterscheidet sich von der, die ich Ihnen vor ein paar Monaten gegeben hätte. Denn ich habe festgestellt, daß das 16-mm-Format sehr teuer ist, verhältnismäßig sogar teurer als ein normaler Film, denn man muß ohne jede Hilfe von außen weiterkommen. Außerdem ist das, was ich 16 mm nenne, mehr der »Geist des 16-mm-Formats«. Den Film *Les parents terribles* habe ich im Geist dieses Formats gemacht. Junge Freunde, die einen 16-mm-Film angefangen hatten, haben das Ganze noch einmal auf 35 mm gedreht und auf 35 mm weitergemacht. Sie stellten fest, daß es keinen allzu großen Unterschied gibt, und daß das Verderben vom Studio kommt, von den Stars, den Dekorationen, von all den Dingen, die bei jedem Film vermeidbar sind, wenn man einen Keller hat und ein paar Lampen. Was mich traurig stimmt ist, daß die zahllosen 16-mm-Filme, die ich gesehen habe, von kommerziellen Filmen beeinflußt sind oder sich auf Experimente einlassen, die für uns legitim waren, aber heute überholt sind. Dagegen verwenden zahlreiche junge Amerikaner heute das 16-mm-Format. Sie machen damit Bekenntnisse wie beim Psychiater. Das Ergebnis sind sehr sehenswerte Streifen, bei denen man sich sagt, wenn jeder sich so öffnete, würde der Apparat ebenso erregend wie die Tinte in der Einsamkeit. Ich benütze die Gelegenheit, um die zahllosen Amateure zu bitten, nicht nach Technik zu streben, nicht den großen Filmemacher zu spielen, sich weder vor der Kühnheit noch vor der Verrücktheit zu fürchten. Andernfalls präsentieren uns ihre Leinwände nur eine zweitrangige Kinematographie, die ihr Register noch nicht gefunden hat. Sie sind freier als wir. Das sollten sie ausnützen!

A. F. – Auch hier zeigen Sie ihnen wieder den Weg des *Coriolan.* Erlauben Sie mir, darauf zurückzukommen und darauf zu bestehen. Wurde *Coriolan* vorher vorbereitet?

J. C. – Überhaupt nicht. Wir haben den Film erfunden, so wie es die Umstände erlaubten. Der Film hat sogar einen Vorspann, der länger ist als der Film selbst, und in dem man die Produzenten vorstellt, den stillen Teilhaber, den Kameramann, den Photographen und die Künstler. Übrigens ist der Photograph nicht der Photograph, sondern Georges Hugnet, der gerade da war. Der stille Teilhaber ist nicht der stille Teilhaber. Er ist der Besitzer des Restaurants *Le Catalan,* und so weiter. Man sieht Filippachi und mich in verschiedenen Bänden blättern, mit denen der Film – überflüssig zu sagen – überhaupt nichts zu tun hat. Weil mich nichts mehr interessiert als die *zufällige Synchronität,* von der ich im folgenden noch ausführlich sprechen werde, habe ich damit begonnen, die Texte eines Dokumentarfilms (über die Herstellung von Körben) unter unsere Bilder zu legen. Freilich werden wir niemals eine freie Minute finden, um mit diesem *Coriolan* zu Ende zu kommen.

All das sind, könnten Sie sagen, Sonntagsvergnügungen, nicht ganz geziemend in meinem Alter. Ich werde Ihnen mit einem Geistesblitz von Picasso antworten. Jemand warf ihm vor, er sei ein Mystifikateur, worauf er erwiderte, alle großen Maler seien Mystifikateure gewesen. Damit wollte er sagen, daß die großen Maler Antworten gaben, lange bevor die Fragen gestellt worden waren, derart ihre Epoche zum Narren haltend. Man muß die Farcen nicht fürchten. Sie bezeugen eine Entspannung des Geistes, bei der sich die Besonderheiten quasi von allein und ohne den Schatten einer Suche einfinden. Das ist bei Kindersprüchen der Fall und bei jenen Antworten von Kindern auf amerikanische Tests, die zu finden man Genie bräuchte, wenn man erwachsen ist und bei klarem Kopf.

Alain Fournier forderte ein Mädchen in seiner Volksschule auf, eine

Kuh zu beschreiben. Antwort: »Die Kuh ist ein großes Tier mit vier Füßen, die bis auf die Erde reichen.«

Amerikanische Tests: Man bittet ein kleines Mädchen, den Winter zu beschreiben. »Im Winter«, sagt sie, »ist der Wald aus Holz.« Ein anderes Mädchen wird gefragt: »Welches sind die Organe des Kreislaufs?« Antwort: »Die Füße.« Ein anderes: »Wer ist Penelope?« Antwort: »Penelope ist die letzte Probe, die Odysseus am Ende seiner Reise zu bestehen hatte.«

Ich könnte Ihnen tausendfach das Talent der *Jeunes visiteurs* zitieren, wo Daisy Ashford die Königin von England so beschreibt: »Die Königin trug auf dem Kopf eine kleine und kostspielige Krone.« Kann man es besser sagen? Vergessen wir nicht, daß Daisy Ashford vom Crystal Palace gehört hatte, der für sie ein fremdartiges Wunder geworden war, vergleichbar dem Ort, an dem man die Helden des *Prozeß* von Kafka verurteilt, und den Landschaften von Lewis Carroll.

A. F. – Aus der Offenheit, mit der Sie mir begegnet sind, und aus Ihrem Interesse für Kinderworte schließe ich, daß die Frage des Alters Sie beschäftigt. Sie beschäftigt Sie auf eine sehr uneigennützige Weise, denn es handelt sich für Sie darum, weiterhin wirksam zu sein. Stört Sie jenes Gefühl der *Sklerose des Handelns* bei Ihrer Arbeit?

J. C. – Oft, und viel mehr als die Ablehnung, mit der man mir manchmal begegnet, was normal ist, denn Frankreich ist irgendwie »meine Familie«, und von seiner Familie wird man immer gescholten. Ich erzähle dieser Familie nie von meinen Erfolgen im Ausland, denn Frankreich würde mir mit dem Satz der Mutter aus *Les parents terribles* antworten: »Draußen soll man dich loben und beweihräuchern, und wenn ich dir sage, was ist ...«

A. F. – Das liegt wohl an der beträchtlichen Verschränktheit Ihres Werkes. Aber finden Sie es letztlich ungerecht?

J. C. – Es ist nicht Ungerechtigkeit, was man meinem Werk entgegenbringt, auch kein Haß, auch keine Intrige. Es ist eher eine *Verschwörung des Lärmens,* ähnlich einer Verschwörung des Schweigens. Ich habe den Eindruck, daß die Schwierigkeit, mich in den Griff zu bekommen, die Kritiker so enerviert, daß sie schreien. Dieses Schreien hat das Analysieren ersetzt. Man schreckt vor der Analyse zurück. Man macht kurzen Prozeß und stößt einen Schrei aus. Dieser Schrei mag beleidigend oder höhnisch sein, aber ich wehre mich nie dagegen, denn er erinnert mich an das Lachen, mit dem das Publikum seine Überraschung ausdrückt, auch wenn sie dramatisch ist, da es zu seiner Artikulation nur das Lachen und das Weinen hat. Selten schlage ich eine Zeitung auf, ohne daß mir daraus ein Wutschrei oder eine Verhöhnung an meine Adresse entgegenschlägt. Ich denke mir, sich diesem Rhythmus zu entziehen, erfordert wohl eine Anstrengung ähnlich zum Beispiel der, einen Schluckauf loszuwerden – und es wäre natürlich verrückt, eine solche Anstrengung von Leuten zu verlangen, die zu schnell denken und schreiben, auf einer Tischkante im Café oder auf den Knien im Theater. Ich weiß, daß es im Dunkeln junge Menschen gibt, die diesen Schluckauf verabscheuen und mich in Ruhe ergründen wollen. Das wird später kommen, wenn der Schluckauf vorüber ist und die Erschöpfung aus der Verschwörung des Lärmens eine Verschwörung des Schweigens macht. Dann werden sie sich zu Wort melden können.

Im übrigen ist man von Geburt an entweder Schläger oder Geschlagener.

Es gibt Leute, von denen man stets sagen wird, sie seien geohrfeigt worden, indes sie geohrfeigt haben, und andere, von denen man stets sagen wird, sie hätten geohrfeigt, indes sie geohrfeigt worden sind. Ich gehöre zur ersten Sorte. Ich bin von Geburt an geohrfeigt worden, und die Hochstapler haben leichtes Spiel mit mir, weil ich zu faul bin, die Dinge klarzustellen, und weil man das weiß und es ausnützt. Wenn man mich bestiehlt, tue ich nichts dagegen, denn der Dieb ist mir immer noch lieber als die Polizei. Aber das ist schließlich meine eigene Schuld. Ich bräuchte mich ja nicht verführen zu lassen von meinem Dieb, bräuchte ihm nicht die Tür zu öffnen, ihn nicht in meinem Zimmer allein zu lassen. In der Verschwörung des Lärmens, die mich umgibt, ist auch eine Verschwörung des Schweigens. Sie kommt von jenen Freunden, die nie von uns sprechen, wenn unser Name sich aufdrängt, indes sie uns einen Dienst erweisen könnten, wenn sie unsere Präsenz lebendiger und wärmer bestätigen würden als durch die Verschwörung des Lärmens. Das Radio liefert uns einen Beweis: Die darin reden, meinen, daß wir sie nicht hören können, und nutzen es aus, um uns zu verschweigen, indes ihre Ausführungen es gebieten, daß sie uns erwähnen, sich auf unser Werk beziehen.

A. F. – Dieser Lärm ist ein Unheil unserer Zeit, nicht nur für Sie. Er ist für jeden sehr unerfreulich. Der Rundfunk verstärkt nur den allgemeinen Lärm und verletzt die intimste Einsamkeit ...

J. C. – Das ist richtig. Früher sah sich der Künstler dem Schweigen gegenüber; heute ist dieses Schweigen unendlich laut. Jeder mischt sich in alles ein. Schuld daran sind die Enzyklopädisten, die sich darüber beklagen, daß Feinbäcker sie beurteilen, wie Diderot notiert hat. Das ist komisch, denn sie selbst haben ja die Elite umgebracht und das Recht für sich in Anspruch genommen, für alle zu denken. Das Ergebnis, im Jahr 1951: sogar die Dummheit denkt. Das war noch nie da. In Paris glaubt ein Saal, er könne es besser als der Autor und würde besser spielen als die Künstler. Es gibt kein Publikum mehr. Es gibt nur noch Richter. Ein Haufen von Individualisten, unfähig zu jener kollektiven Hypnose, ohne die ein Schauspiel keine Daseinsberechtigung hat. Doch dieser Widerstand gegen ein Werk läßt nach, sobald das breite Publikum uns erreicht. Es hat bezahlt, es will das Schauspiel genießen. Es ist also nicht das breite Publikum, das ich beschuldige, sondern jene falsche Elite, die sich zwischen uns und das breite Publikum drängt. Nur nach Moden lebend, entscheidet diese falsche Elite, sobald ein Schauspiel sich dem widersetzt, was sie für modisch hält, dieses Schauspiel sei aus der Mode. Na und! Es ist aus der Mode wie alles, was zählt und sich den Verdikten der Dummheit widersetzt.

Der Unterschied: 1930 hat sich das Publikum aufgeregt, 1951 verachtet es. Es hat vom Fell des Untiers genommen. Es ist Geschworener im Prozeß. Was würde aus uns, gäbe es nicht das Appellationsgericht des breiten Publikums und des Auslandes, wo unsere kleinen Kräche nur langsam hingelangen? (...)

A. F. – Lassen Sie uns auf *Le sang d'un poète* zurückkommen. Wie haben Sie es gewagt, den Film zu machen?

J. C. – Ich wußte nicht, daß meine Position Einsamkeit war. Denn damals war die Politik eine Politik der Literatur, der Künste, ohne Verbindung zur eigentlichen Politik. Das ist ein großer Unterschied zur Gegenwart. *Le sang d'un poète* war für mich ein Akt jener Politik in Opposition zur Politik der Surrealisten, die damals allmächtig war, weil man sie gerade als solche proklamiert hatte. Was die Sache kompliziert macht, war, daß wir dieselben Werte bewunderten, daß wir auf derselben Ebene kämpften, während heute die Vermischung der Ebenen alle jene Schlachten unverständlich machen würde. Sie hat sie bereits unverständlich gemacht – ich habe Ihnen ja schon erzählt, daß die Jugend in Südamerika meine Filme Buñuel zuschreibt und mir die seinen unter surrealistischem Etikett.

A. F. – Wenn man bedenkt, was damals auf der Leinwand üblich war, wollten Sie wohl mit *Le sang d'un poète* einen Protestfilm machen?

J. C. – Nein, ich glaubte nicht, einen Film zu machen; ich glaubte mich mittels eines Vehikels zu artikulieren, das Dichtern früherer Zeiten nicht zur Verfügung stand. Das ist so wahr, daß ich, ohne es mir bewußt zu machen, mich selbst porträtierte, wie es allen Künstlern passiert, die ihre Modelle nur als Vorwand nehmen. Freud schreibt zu Recht über *Le sang d'un poète,* das sei wie ein Mensch, den man durchs Schlüsselloch bei der Toilette beobachtet. Es hat zahllose Deutungen zu *Le sang d'un poète* gegeben, bis hin zu der These, es handle sich bis ins kleinste Detail um eine Geschichte des Christentums. Auf Befragen sagte mir einer der jungen Philosophen, die diese These aufgestellt hatten, ihn störe nur eine Sache, nämlich einer der ersten Sätze des Films: »Während in der Ferne die Kanonen von Fontenoy donnerten...« Und plötzlich fiel ihm dann ein: »Ja richtig! In Fontenoy tagte der Eucharistische Kongreß!« Als ich ein wenig mit ihm herumstritt, hielt er mir schließlich, auf seiner Suche nach einem unwiderlegbaren Beweis, triumphierend entgegen: »Sie können nicht leugnen, daß der Abdruck des toten Kindes im Schnee nichts anderes ist als der Abdruck des Schleiers der Veronika!« Eine andere Deutung: Dreihundert Mädchen eines katholischen Psychoanalyse-Zentrums sahen in dem Fabrikschornstein, der am Anfang des Films einzustürzen beginnt und am Ende zusammenstürzt (um zu zeigen, daß die Zeit der Handlung die Augenblicksdauer einer Traumhandlung hat) ein Phallussymbol. Die eine Hälfte der Exegeten betrachtet *Le sang d'un poète* als erotischen Film, die andere als eisiges Werk, abstrakt, bar jeder Menschlichkeit. Nach solchen Erfahrungen war es, daß ich schließlich erklärte: »Die Poesie entspringt denen, die sich nicht um sie kümmern. Wir sind Tischler. Die Spiritisten kommen später, und es ist ihre Sache, wenn sie den Tisch zum Sprechen bringen wollen.«

A. F. – Aber Sie selbst, der Tischler, hätten Sie eine Idee über die Bedeutung des Films *Le sang d'un poète*?

J. C. – Unsere Gedanken sind, einmal gestaltet, nicht mehr allein unsere Gedanken. Als Gedanken sind sie bereits Phantome unseres Glaubens. Wir gestalten sie, um ihnen Fleisch und Blut zu geben. Es gelingt uns selten, ihnen eine Physis, einen Körper zu geben, der ihnen genau entspricht. Die Syntax mischt sich ein und die Art des Schaffens, die uns von ihnen entfernt und dazu zwingt, sie schöner zu machen oder ihnen einen Charakter zu geben, kurz, sie mit Kraft und Leben zu versehen, die sich oft gegen uns kehren.

A. F. – Als Sie den Film drehten, waren Sie sich bewußt, was sie machten?

J. C. – Nicht mehr als ein Mensch, der vor einem Feuer döst und sich in einem halbbewußten Zustand befindet. Die Arbeit war nur noch technischer Art, vergleichbar den Gesten jenes Halbschläfers, der die Holzscheite zurechtlegt.

A. F. – Ich stelle fest, daß in diesem Film, der Ihnen und sich selbst zum Trotz ein Archetyp des *poetischen Films* geworden ist, der begleitende Text sehr trocken ist, ganz das Gegenteil dessen, was man einen poetischen Text nennt...

J. C. – Ja, um den Pleonasmus zu vermeiden. Um nicht einen poetischen Text über ein Bild zu legen, das mir bereits poetisch genug schien in dem Maß, in dem das, was man sieht, wirklich sichtbar ist und es in diesem Film einen Realismus des Irrealen gibt, das heißt einen sichtbaren Beweis, daß dieses Irreale an sich existiert, als Objekt, als das ich es zeige. Ich glaube im übrigen, daß der anhaltende Erfolg dieses Films von meinen Fehlern herrührt und von der Möglichkeit, die ich dem Zuschauer lasse, sich in den Film hineinzuversetzen und in ihm mitzuspielen. Ein geschlosseneres Werk wie *Orphée* bietet weniger Zugang, und weit mehr Menschen stoßen sich an der Tür. Die Schnelligkeit der kinematographischen Schauspiele läßt keine Zeit, verschiedene Schlüssel im Schlüsselloch auszuprobieren.

A. F. – Man wirft Ihnen häufig vor, nicht stets von neuem *Le sang d'un poète* zu beginnen und diesen einzigartigen Weg aufgegeben zu haben...

J. C. – Das kommt daher, daß wir, als ich den Film machte, glücklicherweise in einer Zeit lebten, in der das Besondere sich unter den Vorzeichen des Besonderen präsentierte, das heißt die entsprechenden Attribute hatte; und daß wir anschließend (denn jedes Schaffen ist der Geist des Widerspruchs in seiner höchsten Form) das sichtbare Besondere durch jenes unsichtbare widerlegen mußten, das sich auf gefährliche Weise mit einem Marsch nach rückwärts vermischen kann. So war es bei *Les parents terribles,* einem Film, der in seinem Genre und in seiner Zeit sehr kühn war, vergleichbar *Le sang d'un poète.* Kühner vielleicht, weil komplexer und schwieriger zu sehen.

A. F. – Aber *Les parents terribles* folgte nicht unmittelbar auf *Le sang d'un poète,* und für den ersten Film, den Sie ganz allein machten, wählten Sie ein Sujet, das vielleicht nicht poetisch, wohl aber phantastisch ist: das Märchen von der Schönen und dem Untier.

J. C. – Einer der Hauptgründe dafür war, daß dieses Märchen, diese Feen-Geschichte*, so wie ich sie auffaßte, eine Feen-Geschichte ohne Feen ist. Ich habe festgestellt, daß sowohl in *La belle et la bête* als auch in *L'Eternel retour* die beiden Passagen, in denen die Poesie sich am besten

* »Märchen« heißt im Französischen *conte de fées,* »Feen-Geschichte« *(A. d. Ü.).*

artikuliert, für viele Leute enttäuschend sind. Im ersten Film die Szene mit den Schwestern im Hühnerhof, im zweiten die mit der Garage. Das kommt daher, daß die Leute Feen erwarten und in Ermangelung von Feen das, was sie einer modischen Terminologie folgend »Evasion« nennen. Doch Evasion hat mit wirklicher Poesie nichts zu tun. Was zählt, ist die *Invasion,* das heißt: die Seele muß berannt werden von Ausdrücken oder Dingen, die nichts Geflügeltes an sich haben und sie daher zwingen, sich in sich selbst zu versenken. Es geschieht also nur aus blöder Trägheit, wenn das Publikum die poetische Poesie, die phantastische Fabel vorzieht und alles zurückweist, was ihm eine persönliche Phantasie- oder Imaginationsleistung abverlangt.

A. F. – Aber was man Ihnen bei *La belle et la bête* am meisten vorgeworfen hat, war doch gerade, daß Sie Ihre persönliche Mythologie einer Geschichte aufgezwungen hätten, die nicht die Ihre war.

J. C. – Ich habe mir diese Geschichte angeeignet, weil sie meiner persönlichen Mythologie entsprach, aber das Allerkomischste ist, daß sich alle Dinge und Handlungen, die man mir zugeschrieben hat, bereits in der Vorlage von Madame Leprince de Beaumont finden, also in einem Text, der in England geschrieben wurde, wo die Zahl der Geschichten von Monstern, die man in Familienschlössern verbirgt, Legion ist.

Im übrigen hat mich das, was wahr ist an diesem Text, zu einem *irrealen Realismus* verlockt und veranlaßt, über den ich bereits gesprochen habe...

A. F. – Ich möchte Ihnen jetzt ein paar technische Fragen stellen, die mir nicht uninteressant zu sein scheinen. Wir wissen alle, daß der Ablauf eines Films sehr strikten Gesetzen folgt, ebenso wie einzelne Sequenzen, und daß man nicht die Freiheit hat, mit der ein Schriftsteller vorgeht, wenn er einen Roman oder ein Gedicht schreibt, die länger oder kürzer werden können, so wie er es will. Hat Sie, als Neuling im Kinematographen, nicht die genau vorgeschriebene Länge eines Kinofilms irritiert?

J. C. – Ich gestehe, daß ich noch nie einen Film oder ein Stück nach seiner Länge eingeteilt habe. Wir haben in uns, im Bauch, wie die alten Negerfiguren auf den Märkten, eine Uhr, die uns rechtzeitig weckt, ohne daß wir einen Wecker brauchen. Man hat mir oft Zahlen vorgehalten, und die waren dann falsch. Unser Instinkt ist sicherer. Ich füge hinzu, daß die Länge eines Films von etwa 2400 bis 3000 Meter schlecht ist. Zu kurz, um einem Roman gerecht zu werden, zu lang für eine Erzählung. Auch deswegen stellen uns Filme ständig Fallen, die von ganz anderer Art sind als die, die die anderen Künste für uns bereithalten.

A. F. – Sie geben also zu, daß Sie zuweilen ein Opfer der Technik sind?

J. C. – Für einen aktiven Dichter ist es sehr schwierig, über die Technik zu sprechen, weil seine ganze Kunst aus Größenordnungen besteht, die nicht von Zahlen abhängen, auch Gleichgewichten, die man für Ungleichgewichte hält, und aus einer Ordnung, die als Unordnung eingestuft wird. Nach *Orphée* sagte Clouzot: »Dieser Film beweist, daß es keine Technik gibt, sondern nur die Erfindung, und daß die Technik von jedem so erfunden wird, wie er sie für seine Arbeit braucht.«

A. F. – Um auf dem Gebiet der Technik zu bleiben, wie sind Sie mit so wichtigen und offensichtlich auch kapriziösen Mitarbeitern wie Christian Bérard oder Georges Auric zurechtgekommen? Was haben Sie getan, um mit ihnen arbeiten zu können?

J. C. – Was Christian Bérard anlangt, so litt er in sehr starkem Maß an der Trägheit des Unermüdlichen. Er war ein Opfer dessen, was die Psychoanalyse »die Angst vor dem Handeln« nennt. Ich nahm ihn immer mit, wenn ich ein Werk erfand. Seine Einfälle inspirierten mich. Er *erzählte* mir die Dekorationen und Kostüme. Aber wenn sie dann gemacht werden mußten, schlich er sich weg wie ein Hund. Ich durchschaute diese Methode, regte mich nicht weiter auf und ließ seine Dekorations- und Kostümentwürfe so ausführen, wie er es gesagt hatte. Da er meine Fehler nicht ertragen konnte, stürzte er sich nun darauf und korrigierte sie, schwitzend vor Angst. Auch Jouvet hat dieses System durchschaut: eine herrliche Art von Zusammenarbeit, die zur totalen Übereinstimmung von Dekoration und Inszenierung führte.

A. F. – Eine so perfekte Zusammenarbeit bringt mich auf den Gedanken, daß Sie ebenso wie Bérard für *La belle et la bête* jenes – übrigens strahlende – holländische »Klima« gewählt haben, das durchzogen ist von der Erinnerung an Vermeer, an Rembrandt, an Pieter van Hoogh, und das ein Märchen, dem zunächst kein bestimmtes Land und keine bestimmte Epoche zu eigen ist, an einen präzisen Ort situiert.

J. C. – Dieser Gedanke, dem Unbestimmten einen Realismus und eine Zeit zu geben, kam von dem Haus, das ich in der Touraine entdeckt hatte. Ermüdet von der Suche nach sogenannten »Exterieurs«, wollte ich mit Wakhévitch gerade wieder umkehren, als er mir sagte, er habe von einem kleinen Landsitz gehört, unten an der Straße, die wir nehmen sollten. Ich gebe zu, in meiner Müdigkeit wollte ich es zunächst gar nicht sehen. Er bestand darauf. Wir hielten an. Und als ich einen Abhang hinunterstieg, von dem aus ich weder ein Haus noch einen Garten sehen konnte, hörten wir meine eigene Stimme. *Der Sohn des Hausherrn spielte seinem Vater meine Platten vor.* So wurden wir wie durch ein Wunder empfangen, und wie durch ein Wunder fanden wir die detailliertesten Architekturen und Räume vor, die aufbauen zu müssen ich befürchtet hatte. Dieses Haus hatte einen Stil, und dieser Stil zog alles andere nach sich. Und noch ein glücklicher Zufall: auf allen Beschlägen dieses Landsitzes fand sich das Untier.

Da Sie von Vermeer und den Holländern gesprochen haben, will ich ganz kurz über die Malerei im Kinematographen sprechen.

Die heutige Programmgestaltung ist katastrophal. Sie übergeht den Kurzfilm, ein Gebiet, auf dem Frankreich Meisterwerke produziert hat. *Guernica* von Resnais zum Beispiel. Oder *Van Gogh.*

Merkwürdig, im Film findet die Malerei zu intensivem Leben zurück. Die kleinsten Landschaften van Goghs, die als die verrücktesten galten, *täuschen das Auge, so daß es sie als reale Exterieurs nimmt.* Die Kamera muß sehr nahe herangehen, damit das Auge merkt, daß die Landschaft gemalt ist.

Andererseits hat Gremillon* die mittelmäßigsten Bilder des *Salon des artistes français* verfilmt. Und diese Bilder, zunächst simple Schinken, verlieren das Lächerliche und gewinnen Charme. Man wundert sich. Man mag das Relief und die Komposition. Man würde sie gerne bei sich zu Hause haben. Der Kinematograph beweist die Redlichkeit des Malers. Jedes *thematisch prätentiöse* Gemälde ist auf der Leinwand unzulässig. (...)

A. F. – Kommen wir zu Ihren Filmen zurück, und zu Bérard...

J. C. – Sein Tod hat mich mit der Arbeit an *Orphée* alleingelassen, nachdem wir sie gemeinsam auf dem Land begonnen hatten. Da es unmöglich war, diese Zone einem anderen anzuvertrauen, die er – wie ich – ohne Lyrik und anti-dantesk haben wollte, diese Zone, von der ich eine Reihe von Guaschen besitze, die an die Straßen des Traums in der *Halle aux Vins* (Quai de Bercy) erinnern, habe ich schließlich in den Ruinen der Kaserne von Saint-Cyr gedreht. In meinem Film sind ja die Orte des Todes *(de mort)* nicht die Orte des TODES *(de la Mort),* und ich war sehr überrascht, als mir ein Kirchenmann sagte, daß diese Zone, wie es in der Unmittelbarkeit des Traums geschieht, dem Tod vorausgehe und die paar Sekunden im Koma repräsentiere. Noch etwas: als sich Bérard mit *Orphée* beschäftigte, konzentrierte sich sein Interesse ganz auf die Person, die eine der zahlreichen Figuren des Todes repräsentiert. Er suchte nach einer Möglichkeit, diesen Tod *elegant* (im ernstesten Sinn des

* Jean Gremillon, französischer Regisseur (1902 bis 1959), *cinéaste maudit.*

Wortes) zu machen, und er sagte lachend: »Alles, was mit dem Tod zu tun hat, ist teuer.« Bérard ist unersetzlich. Nur er verstand, daß sich das Märchen schlecht mit dem Unbestimmten verträgt und daß das Geheimnis nur in den konkreten Dingen existiert. Er wußte auch, daß im Metier des Films nichts leichter ist als das falsche Phantastische. Er vermied es mit einer unfehlbaren Anmut.

A. F. – Sprechen wir jetzt über die Musik und über den Platz, den Sie ihr im Film einräumen. Die Partitur von Georges Auric für *La belle et la bête* ist sehr wichtig. Auric hat übrigens die Musik für alle Ihre Filme gemacht...

J. C. – Nichts scheint mir vulgärer zu sein als die musikalische Synchronität in einem Film. Das ist wieder ein Pleonasmus. Eine Art von Leim, der alles verklebt, und der das Spiel nicht zustande kommen läßt. Die einzige Synchronität, die mir gefällt, ist die *zufällige* Synchronität, deren Wirksamkeit mir unzählige Erfahrungen bewiesen haben. Das beste Beispiel fand sich nicht in einem Film, sondern in einem Ballett: bei *Le jeune homme et la mort** hatte ich im letzten Augenblick die *Passacaglia* von Bach unterlegt, damit die zu Jazzmusik choreographierten Tänze eine Art von unerwarteter Größe erhielten. Von der zweiten Vorstellung an »beugten« die Tänzer sich der Musik, der Dirigent »beugte« sich den Tänzern, und alles kam leider wieder in eine so klare Ordnung, daß niemand glauben wollte, daß die Choreographie nicht auf Bach ausgerichtet war.

A. F. – Aber wie können Sie mit einer speziell für einen Film geschriebenen Musik eine zufällige Synchronität erreichen?

J. C. – Ich provoziere sie. Auric war oft darüber verärgert, aber am Ende stimmte er mir immer zu.

A. F. – Wie provozieren Sie sie?

J. C. – Ich stelle die Musik um. Das ist eine Methode, die ich seit *Le sang d'un poète* befolge, wo ich die Musik in allen Sequenzen umgestellt und vertauscht hatte. Der dadurch erzielte Kontrast gab nicht nur dem Bild Relief, sondern diese »deplazierte« Musik ging manchmal sogar zu eng mit den Gesten zusammen und schien eigens dafür geschrieben zu sein. Bei *La belle et la bête* hat Georges Auric die Musik *direkt zum Bild* komponiert. So war es mir fast unmöglich, einen Rhythmus zu unterbrechen, ohne es am Respekt vor dem Komponisten fehlen zu lassen. Die Musik war so schön, daß man meinen konnte, Auric, ein Gegner der erklärenden Musik, habe die Kontrastmethode bewußt verwendet:

* Von Cocteau geschriebenes Ballett, 1946 im Théâtre des Champs Elysées aufgeführt.

langsame Chöre zu schnellen Aktionen usw. Bei *Orphée* dagegen, als ich nach zwanzig Jahren an *Le sang d'un poète* anknüpfte, als ich das damals mit einem Finger geklimperte Thema gleichsam orchestrierte (ich weiß, daß ich mich wiederhole, aber ich kann nicht anders), nahm ich mir höchst respektlose Freiheiten gegenüber meinem Mitarbeiter heraus. Ich nahm seine Musik ohne Bilder auf Band (nach der Stoppuhr) und unterlegte zum Beispiel das Scherzo, das er für die komische Szene der Rückkehr ins Haus komponiert hatte, der Verfolgungsjagd durch die verlassene Stadt. Mehr noch: ich nahm die Klage der Eurydike von Gluck auf Band, zunächst in der Absicht, sie nur für das Radio im Häuschen zu verwenden, schnitt dann die Musik von Auric an der Stelle ein, wo Heurtebise erstmals bei Eurydice auftaucht, und als ich bemerkte, daß die erste und letzte Note von Gluck mit dem ersten und letzten Bild dieser Szene übereinstimmten, profitierte ich ungeniert von diesem kleinen Wunder. Ein kleines, aber recht häufiges Wunder bei denen, die nur auf ihren Instinkt rechnen. Dasselbe passierte mir in *Les parents terribles,* wo sich zeigte, daß das Andante von Bach genauestens auf die Szene mit Paul in der nächtlichen Halle paßt, vom Moment seines Eindringens bis zum Moment, in dem er sich niederlegt.

Noch eine respektlose Freiheit. Ich nahm die Trommler von Katherine Dunham und überlagerte sie den Schlußtakten der Orchestermusik von *Orphée,* wobei ich den Effekt so zuspitzte, daß manchmal nur noch die Trommeln blieben, ohne Orchester. Ich erzähle dies hier, weil ich Georges Auric im Rundfunk sagen hörte, er stimme mir zu und erkenne an, daß die »Schnitte« des Regisseurs seine Musik kraftvoller und gegenwärtiger gemacht haben. (...)

A. F. – Wollen Sie, daß wir jetzt über den Film sprechen, der auf *Le belle et la bête* folgte, über *Ruy Blas*?

J. C. – Bei *Ruy Blas* ging es darum, einen »Western« zu machen, einen Mantel- und Degenfilm. Ich habe mich nicht allzu sehr engagiert, weil der Film eher einer Spielerei entsprach als einer inneren Notwendigkeit. Deswegen habe ich ihn einem Regisseur anvertraut, dem ich dann sozusagen assistierte und dessen Rhythmus ich nicht ändern konnte. Denn ein Film, welcher Art auch immer, ist stets das Porträt seines Regisseurs. In *Ruy Blas,* der von der famosen Elite sehr schlecht verstanden und von den Massen sehr geliebt wurde, kommen der Charme und die Bosheit von Billon* zum Ausdruck.

* Pierre Billon, französischer Regisseur (1906 geboren). Billon stellte übrigens von zahlreichen deutschen Filmen französische Fassungen her.

Billon und ich bewunderten einmal mehr den Scharfsinn und die Verständigkeit der Film-Handwerker. Wir verlangten von den Ausstattern, ein nahezu unlösbares Problem zu lösen: ein falsches Spanien aufzubauen, dabei aber seine Romantik nie aus den Augen zu verlieren. Sie durchforschten einen Haufen seltsamer Dokumente, die für Spanien bedeuten, was Viollet-Le-Duc* fürs Mittelalter bedeutet. Dank ihnen und dank Wakhévitch habe ich einem meiner Träume Gestalt gegeben: Bauten ins Leere zu hängen, ohne *Erfindungen* zu benützen. Ein spanisches Gerippe bleich auf einem Samt, so schwarz wie die Tusche in den Zeichnungen von Victor Hugo.

A. F. – Ich würde gerne zu den Filmen kommen, bei denen Sie sich voll engagiert haben: *L'Aigle à deux têtes, Les parents terribles* und schließlich *Orphée*. Soll ich *Les enfants terribles* hinzurechnen?

J. C. – *Les enfants terribles* war ein außergewöhnliches Abenteuer. Ich hatte Aufträge stets abgelehnt. Ich habe den von Melville akzeptiert, weil mir sein Heckenschützen-Stil geeignet schien, dem Film jene improvisierte Gangart eines 16-mm-Films zu geben, von der ich früher bereits gesprochen habe. Außerdem legten der Geldmangel und das Fehlen von Stars natürliche Umgebungen nahe. Wir drehten in der Wohnung von Melville, einem schrecklichen Appartement, unter dem seine Frau litt und das er in Hinsicht auf dieses Unternehmen gemietet hatte. Wir drehten in Waggons. Wir drehten in der unglaublichen Halle des *Petit Journal,* dessen grandiose Scheußlichkeit man nicht erfinden kann. Wir drehten bei *Laurent,* in der Avenue Gabriel, und als Melville krank wurde, drehte ich sogar das sommerliche Meeresufer im verschneiten Montmorency! Das einzige Studio, das wir für die Zimmerszenen nahmen, war das Theater Pigalle, dessen kaum benützbare Maschinerie uns schließlich große Dienste leistete. Denn anstatt die Kamera mit einem – in Frankreich nicht existierenden – Kran emporzuheben, senkten wir die bewegliche Bühne bis in den Keller. Nebenbei gesagt, ich kann diesen Film, der von der Kritik zerrissen wurde, gar nicht hoch genug rühmen. Er ist so gelungen, daß ich mein Buch nicht mehr lesen könnte, ohne es aus dem Blickwinkel des Films zu sehen und ohne meinen Helden die Gestalten von Nicole Stéphane und Edouard Dermit zu geben. Einen Vorbehalt mache ich bei dem Schüler Dargelos. Melville bestand darauf, seine Rolle und die der Agathe demselben Mädchen anzuvertrauen. Dabei ist Dargelos eine so männliche Figur und von einem Reiz, den nur

* Eugène Viollet-Le-Duc, französischer Architekt und Schriftsteller (1814 bis 1879). Er restaurierte sehr viele Bauten des Mittelalters.

ein auf seine männlichen Vorzüge stolzer Knabe haben kann – auch das Talent der besten Schauspielerin könnte nicht ausreichen, ihn plausibel zu machen.

Vor allen übrigen, ich wiederhole es, verneige ich mich und behaupte, daß dieser Film eines Tages zu den besten gehören wird.

A. F. – *Les enfants terribles* bringen uns zu *Les parents terribles*...

J. C. – Das ist die richtige Reihenfolge, obwohl mein Film zuerst gedreht worden ist. Ich muß zugeben, *Les parents terribles* ist mir in kinematographischer Hinsicht am besten gelungen. Ich habe damit, wie Barrès sagte, »meinen Kreis geschlossen«. Ich wollte dreierlei erreichen: 1. das Spiel unvergleichlicher Künstler festhalten; 2. mich unter sie begeben und sie aus der Nähe sehen statt aus der Distanz, auf einer Bühne; 3. mein Auge an ein Schlüsselloch pressen und meine Wildkatzen mit dem Teleobjektiv überraschen. Ich weiß nicht, ob ich mich täusche, aber es scheint mir, daß ich das Werk, anstatt es auseinanderzuziehen, wie es mir bei *L'Aigle à deux têtes* passierte (der vorausging und von dem wir anschließend sprechen werden), gestrafft, konzentriert habe, indem ich die zahllosen »Traditionen« der Künstler beschnitt, die Ahs und die Ohs, die Ticks und Füllsel, die auf dem Theater unvermeidlich sind, wenn dieselben Darsteller sich in ihren Rollen einrichten und sie wie ein Kostüm deformieren.

So gewann das Stück auf der Leinwand wieder die Kraft des Schreibens und das Schwarz der Tinte, die in der Hitze des Rampenlichts auseinanderfließt. Obwohl ich in mehreren Räumen herumging, bewahrte ich die geschlossene Atmosphäre des Stücks. Ich zeigte die zugigen Flure, die meine Kindheit schreckten und die die Straßen jener Familien sind, die niemals ihr Haus verlassen. (...)

A. F. – Es überrascht mich, daß Sie, wenn Sie über *Les parents terribles* sprechen, dieselben Grundvorstellungen äußern, wie wenn Sie über *La belle et la bête* sprechen. Es scheint, daß Sie bruchlos dieselbe Linie verfolgen, während für uns ein Bruch dazwischenliegt und ein verschiedener Stilwille...

J. C. – Zunächst einmal ist *Les parents terribles* kein realistischer Film. Es ist ein rein imaginatives Gemälde. Ich habe diese Familie von Kopf bis Fuß erfunden, weil ich damals Spaß daran hatte, eine tragikomische Mischung zu machen und meine Figuren dank einer Schwankhandlung zu führen, die Roger Lannes mit der Panik bei einem Brand vergleicht, wenn sich die Menschen in den Türen gegenseitig erdrücken. Der Gedanke, es handle sich hier um Realismus, bildet sich in den Köpfen unserer Richter lediglich wegen des Schauspiels der bevölkerten Straßen und Wohnblocks. So tauften sie jene Filme »neorealistisch«, in denen unsere italienischen Kollegen eine Phantasie entfalten wie arabische Märchenerzähler. Wie Harun Al-Raschid sich verkleidet, um Geheimnisse zu entdecken, verkleiden sie sich mit der Kamera, um in die Arbeiter-Wohnblocks einzutreten, um die Stiegen hinauf- und hinunterzuklettern, den Trottoirs zu folgen, kurz, um die kleinsten Details von Abenteuern einzufangen, die so bizarr und irreal sind wie die Abenteuer des Traums. Das ist einer der Gründe, weshalb ich, als ich *Les parents terribles* drehte, so sehr darauf bestand, daß die Episoden nicht ihre theatralische Gangart verloren, um eine kinematographische Gangart anzunehmen. Es ging mir darum, ich wiederhole es, zusammenzuziehen, zu bündeln, zu straffen, ohne in jenen Realismus zu verfallen, mit dem man alle Werke überzieht, in denen keine Kostüme getragen werden. Für mich sind, und das meine ich keineswegs paradox, *La belle et la bête, L'Aigle à deux têtes* und *Orphée* ebenso realistische Filme wie *Les parents terribles,* aus dem einfachen Grund, daß jeder Film realistisch ist, da er die Dinge *zeigt,* anstatt sie durch einen Text zu suggerieren. Was man sieht, das sieht man. Es wird also wahr in dem Sinn, wie Goethe den Begriff verwandte. (...)

A. F. – Vergessen wir nicht, daß Sie zwischen *La belle et la bête* und *Les parents terribles,* über den wir gerade gesprochen haben, Ihren Film *L'Aigle à deux têtes* gedreht haben, der mir eine Brücke zwischen dem Märchen und der menschlichen Komödie zu schlagen scheint...

J. C. – Nichts ist so schwer aufzudröseln wie die Geschichte mit *L'Aigle à deux têtes,* als Stück und als Film. Das Stück verweigerte sich dem Theater der Worte und dem Theater der Inszenierung. Ich führte das Publikum kompromißlos zum *Theater der Handlungen* zurück. Handlungen, die jene Langeweile verbannen, die das Gros unserer Zuschauer für Seriösität hält. Man hat sie in die Schule geschickt. Man muß sie wieder aus ihr befreien. Sie sagen vielleicht, die Schüler lieben das Tohuwabohu bei Schulschluß, wenn alle herausströmen, aber vergessen wir nicht, daß in der Schule, von der ich spreche, jeder Schüler den anderen aus den Augenwinkeln beobachtete und nicht als ein Faulpelz dastehen wollte. Diese Klasse drohte also, sich zu verewigen, ihre Gewohnheiten zu verfestigen und die Pause als ein ihrer unwürdiges Vergnügen zu betrachten. Einen eklatanten Beweis dafür lieferte kürzlich die Wiederaufführung von *Bossu* durch Jean-Louis Barrault. Das Publikum ging voll mit und schämte sich erst beim Erwachen, das heißt in der Garderobe.

Der Mißerfolg meines Films bei den Richtern kam daher, daß sie, die das Stück mißbilligt hatten, es nun endlich loben konnten, um den Film zu verurteilen. Ich gebe zu, daß mich *L'Aigle à deux têtes* zu Parenthesen und Auswegen zwang, die das Werk von seinem Kern entfernten (ein Fehler, den ich in *Les parents terribles* nicht beging, ich verfilme dort das Stück und blättere es sehr solide von seinem Zentrum her auf). Doch meine Fehler, die man allen anderen Filmen vergibt, Filmen, die sich manchmal so weit vom Zentrum entfernen, daß es außer Sicht kommt, verdienten es gleichwohl, daß man seine Aufmerksamkeit auf Sequenzen wie die im Zimmer der Königin richtet, bei denen ich eine Methode benütze, die ich durch ein paar Gänge über die Laufbrücken des Theaters Hébertot gelernt habe. Denn ich entdeckte dabei mein Stück aus einem anderen Blickwinkel als dem toten Blickwinkel der Orchestersessel. Ich begriff, warum die schlechten Plätze die besten sind: auf den teuren Plätzen sitzen die Zuschauer platt vor der Bühne, die billigen Plätze dagegen fungieren wie ein Aufnahmeapparat und präsentieren das Schauspiel in einer Einzigartigkeit, die dem indiskreten Blick durch ein Schlüsselloch gleicht, durch einen Spion oder ein Kellerfenster. Ich bestehe auf dem Wort *indiskret.* Die Kamera ist das indiskreteste und schamloseste Auge. So schamlos, daß manche Schauspieler und Schauspielerinnen sich vor ihr genieren; ähnlich wie ich es zum Beispiel bei Edwige Feuillère im Theater bemerkte, als sie gewahr wurde, daß die an Naheinstellungen gewohnten Zuschauer sie mit dem Opernglas anstarrten, um sie ganz aus der Nähe zu sehen. Zu den Fehlern der Ausdehnung von Zeit und Raum werden wir oft durch jene getrieben, die uns finanzieren und die glauben, die Exterieurs brächten frische Luft herein und erleichterten jene stupide »Evasion«, die es durch die »Invasion« zu ersetzen gilt, durch die kollektive Hypnose eines Publikums, das man nicht aufweckt und das man schließlich dazu bringt, sich in sich selbst zu versenken. (...)

A. F. – Kommen wir jetzt zu *Orphée,* einem sehr wichtigen Werk, da es alle Ihre Versuche abschließt und zwanzig Jahre Ihrer Arbeit durch ein sehr gefährliches – weil unmittelbares – Ausdrucksmittel zusammenfaßt. Ein Film, in dem Sie mehr denn je die Poesie gegen das »Poetische« setzen und in dem diejenigen, die *Le sang d'un poète* sehr gut kennen, sich wie zu Hause fühlen. Wollen Sie mir in allen Details erzählen, wie Sie den Film gemacht haben? Hat Ihre Position, die Sie sich durch andere Filme erworben hatten (und deren Kontinuität Sie mir eben bewiesen haben), Ihnen die Ausführung eines Projektes erleichtert, das für einen Neuling undurchführbar gewesen wäre?

J. C. – Ein Buch gewährleistet nie den Erfolg eines anderen Buches.

Und ein Film trifft, wenn man sich nicht selbst kopiert, auf die gleichen Schwierigkeiten, die einen Neuling hemmen. Mein erstes Gespräch mit den Chefs des *Crédit national* (*Orphée* betreffend) zeigt das deutlich. Als sie sich über meinen Text hermachten, unterbrach ich und fragte, ob sie mir nicht vertrauen könnten, da ich doch alle bisherigen Vorschüsse des *Crédit national* sehr rasch zurückbezahlt hätte: »Wie können Sie glauben«, antworteten mir die Herren, »daß wir Ihnen nicht vertrauen? Wenn uns ein junger Mann dieses Drehbuch vorgelegt hätte, hätten wir ihn hinausgeworfen.« Dieser schlimme Satz umschreibt den nahezu einzigen Vorteil, den eine Persönlichkeit wie ich hatte. Ansonsten mußte ich ganz genauso vorgehen wie ein Neuling: eine kleine Gesellschaft gründen, ein paar Kröten zusammenkratzen von da und dort, die Kosten einschränken, um schließlich das Ziel meiner Mühen doch nur durch den Großmut von Künstlern zu erreichen, die meine Risiken auf sich nahmen und damit einverstanden waren, auf der Bais fragwürdiger Einspielergebnisse bezahlt zu werden. Hätte ich die zahlreichen absurden Angebote angenommen, die mir von diversen Firmen gemacht worden waren, so wäre ich heute ganz ohne Zweifel ein reicher Mann, aber reich durch unsaubere Geschäfte. Doch meine Vorstellung vom *Kinematographen* gegen das *Kino* verurteilt mich zu einem ständigen Kampf. Ein einziges Mal, in der Hoffnung, die Mehrausgaben für *Orphée*, die ich selbst ausgelegt hatte, damit bezahlen zu können, ließ ich mich darauf ein, mexikanischen Produzenten eine Geschichte zu erzählen. Das Ergebnis war, daß diese Produzenten daraus eine andere machten und meinen Namen zur Werbung benutzten, ohne daß Maria Félix, die den Film drehte, und der Rest des Teams davon erfuhren. Das ist ein typisches Beispiel für die Fußangeln, die ständig auf die Füße der Filmemacher lauern. Deswegen weise ich auch den Titel eines Filmemachers zurück, und deswegen hat der Erfolg meines Films *Orphée* die kommerzielle Fachwelt verblüfft.

A. F. – Warum sind Sie nach so vielen verschiedenen Ansätzen wieder zu jenem Mythos von Orpheus zurückgekehrt, der Sie bereits zu einem Stück inspiriert hatte, in dem Sie sich so artikulieren konnten, wie Sie es wollten? Warum hielten Sie es für notwendig, ihn kinematographisch zu behandeln? Ich gehöre zu denen, die den *Orphée* von Pitoëff gesehen haben, und ich würde gerne wissen, worin Sie die Unterschiede und die Ähnlichkeiten der beiden Werke sehen?

J. C. – Da meine moralische Haltung die eines Menschen ist, der hinkt, den einen Fuß im Leben und den anderen im Tod, war es nur natürlich, daß ich zu einem Mythos fand, in dem das Leben und der Tod sich begegnen. Außerdem schien mir ein Film sehr geeignet, die Grenzzwischenfälle ins Werk zu setzen, die die eine Welt von der andern trennen, ich werde darüber noch mehr sagen. Es ging darum, Tricks zu verwenden, und zwar so, daß sie den Zeichen der Dichter glichen und niemals ins Sichtbare stürzten (das heißt in eine Taktlosigkeit), daß sie den Zuschauern wie eine Realität erschienen oder besser noch wie eine Wahrheit. Sie werden verstehen, daß mich dies zwang, die Erleichterungen zu überwinden, die der Kinematograph für das Wunderbare bereithält, und das Wunderbare *unmittelbar* zu machen, niemals mittels des Labors, und stets nur das aufzunehmen, was ich sah und die anderen sehen lassen wollte.

A. F. – Was verstehen Sie unter dem *unmittelbaren* Wunderbaren?

J. C. – Wenn das Wunderbare durch ein Gleichgewicht zwischen Phantasie und Technik, nach einer vorausgegangenen großen Komplikation, so einfach wird, wie für ein Kind, das gesehen hat, wie Zucker sich in Wasser auflöst, die überraschende Erfahrung, daß er sich nicht in seinem Badewasser auflöst. Dieses Gleichgewicht erfordert ein sehr enges und unaufhörliches Einvernehmen zwischen dem Kameramann und dem Regisseur. Nicolas Hayer und ich suchten nach einem Reinfall mit Trickspezialisten nur nach dem Mittel, auf der Leinwand zu zeigen, was wir selbst gesehen hatten. Das ist die Methode des Dichters, der sich mit Dokumenten versieht, sie aber nie benützt. Wir mußten unsere Experimente mit Spiegeln ohne Belag und mit schwarzer Seide aufgeben, weil das Scheinwerferlicht solche Tricks nicht erlaubte. Aber diese Mißerfolge halfen uns, indem sie unsere Phantasie anregten und uns zwangen, etwas zu erfinden, um das Problem des Tricks zu lösen, ohne dazu irgendwelche Tricks zu verwenden.

A. F. – Ich habe den Eindruck, daß Sie bereits in *Le sang d'un poète*, mit dem Sie als Amateur debütierten, eine Klassik des Tricks erfanden, die sich seitdem nicht weiterentwickelt hat?

J. C. – Das kommt daher, daß meine Erfindungen in *Le sang d'un poète* Kinderworten glichen, die eine so große Poesie haben. Ich wußte nichts. Ich entdeckte das Metier, koste es was es wolle, und glaubte dabei, es so zu benützen, wie man es für gewöhnlich tut. So erklärt sich ja häufig, warum Irrtümer als Erfindungen gelten. Charlie Chaplin glaubt, daß die Figur, die sich in einer »amerikanischen Einstellung« bewegt und deren Bewegung in Nahaufnahme von neuem beginnt, anstatt zu enden, eine Erfindung gewesen sei – dabei hatte ich doch nur schlecht geschnitten und mich geirrt. In ähnlicher Weise fragte sich ganz Amerika bei der Fahrt des Dichters, der den Spiegel durchquert hat, warum diese Fahrt nicht die Gradlinigkeit von Schienen aufweist. Ich wußte nicht einmal, daß es Schienen gab, und der Dichter wurde auf einem Brett mit Rollen gezogen. Ich habe das später in *La belle et la bête* absichtlich wiederholt, wenn die Schöne den Gang entlanggeht, in dem die Vorhänge wehen. Fehler und Zufälle helfen uns oft. Am Ende von *Les parents terribles* erzeugten ein holpriger Boden und ein klappriger Wagen ein Zittern und Rumpeln bei der Aufnahme. Ich entschloß mich, die schlechte Aufnahme nicht zu wiederholen und zu verbessern. Ich fügte dem Fehler vielmehr das Geräusch eines Karrens hinzu und sprach den letzten Satz wie ein Zigeuner.

A. F. – Sie sprechen über die Fahrt. Greifen Sie häufig darauf zurück? Die Fahrt scheint mir für die Filmemacher so etwas sie die Sahne auf der Torte zu sein ...

J. C. – Von wenigen Ausnahmen abgesehen, annulliert die Fahrt die Bewegung. Wenn Sie einem Rennpferd folgen, läuft es unbewegt. Rennt es dagegen zwanzigmal vor einem feststehenden Apparat vorbei, der es unter verschiedenen Blickwinkeln aufnimmt, wird sein Rennen sichtbar und zehnfach deutlicher. In *Les parents terribles* bewegt sich die Kamera sehr wenig. Aber ich verändere den Blickwinkel ständig. Im Zimmer der Königin in *L'Aigle à deux têtes,* in dem Edwige Feuillère unaufhörlich umhergeht, sich entfernt und wieder dem schweigenden Jean Marais nähert, habe ich dieses System benützt, das seine endgültige Form erst beim Schneiden findet. Der Schnitt ist der Stil. Ein Filmemacher, der den Schnitt nicht selbst macht, wird in eine fremde Sprache übersetzt; aber das habe ich schon gesagt.

A. F. – Kommen wir zu *Orphée* zurück. Wie haben Sie die Labortricks umgehen können, die Sie pittoresk nennen und ablehnen? Wie zum Beispiel gehen Ihre Figuren durch die Spiegel?

J. C. – Jedesmal auf eine andere Art. Der Grundgedanke bei unserer Methode war, daß in diesem Film nicht die Spiegel entscheidend sind, sondern die Leere, das heißt der Rahmen. Wir bauten Zwillingszimmer auf, mit analogen Dekorationen, und wenn man ganz aufmerksam hinsieht, wird man das leicht bemerken, denn das ganze Bild verkehrt sich im Spiegel (der nicht existiert), ausgenommen die kleinen Gravierungen an der Zwischenwand und eine Büste auf einer Kommode. Ich rechne hier auf die Schnelligkeit des Kartenkunststücks. Haben Sie bedacht, daß ich keine Aufnahmen direkt vor dem Spiegel hätte machen können, da sich ja sonst die Kamera und das Team darin gespiegelt hätten? Wenn Maria Casarès die Flügel des dreiteiligen Spiegels zurückstößt, kann sie unmöglich aus einer Fläche kommen. Sie kommt aus dem zweiten Zimmer. Ein Double, genauso wie sie gekleidet, steht mit dem Rücken zu ihr, verläßt sie in umgekehrter Richtung und spielt also die Rolle ihres Spiegelbildes. Lustig war dabei, daß Maria Casarès in dieser Szene dreimal das Kleid wechseln mußte (ein schwarzes, ein graues, ein weißes), und meine Finanzlage es mir nicht erlaubte, alle drei Kleider doppelt zu besorgen, weshalb nun das Spiegelbild von Maria Casarès ein graues Kleid trägt, während sie selbst ein schwarzes anhat. Niemandem ist das aufgefallen, und als die Aufnahmen fertig waren, habe sogar ich selbst mich getäuscht – ein Beweis dafür, wie überzeugend die von uns selbst konstruierte Wahrheit sein kann, da eben das Schauspiel sie beweist. Das ist die ganze Macht des falschen Zeugen.

Noch etwas: als Marais sich zum Spiegel bewegt, mit Gummihandschuhen, und die Hände hebt, wird die Handkamera auf die Schulter eines Statisten gesetzt, der eine Jacke und nasse Handschuhe hat wie Marais. Ich kann mich also dem falschen Zimmer von vorn nähern, aus dessen Hintergrund der richtige Marais näherkommt, sein eigenes Spiegelbild spielend. Die behandschuhten Hände berühren einander, ich schneide und gehe zu einem anderen Blickwinkel über. Ein solcher Trick erfordert das ganze Wissen des Kameramannes und des Ausrichters, und weder die Nahaufnahme noch die Halbtotale dürfen unscharf sein. Die neuen amerikanischen Objektive machen das möglich. Die unseren nicht. Alles beruht, ich wiederhole es, auf der Fähigkeit unserer Handwerker, den Fortschritt durch die Gewandtheit ihres Geistes einzuholen.

Ich habe Nicolas Hayer die Arbeit oft erleichtert, indem ich (in der Gerichtsszene) fiktive Personen durch reale ersetzte. Das bringt die Untersuchungen durcheinander und erzeugt Verwirrungen! Man sieht das Spiegelbild der Richter: es sind die echten Richter. Doch was dabei täuscht: Maria Casarès, im Vordergrund und von hinten, ist die echte Maria Casarès.

In der Szene, in der Jean Marais und François Périer beim Gericht ankommen, springt Marais in der Zeitlupe durch den leeren Rahmen, in dem wir vorher in derselben Einstellung einen der beiden Motorradfahrer als Spiegelbild des anderen sahen (es waren zwei Brüder). Ich schneide, erfasse Marais bewegungslos. Zurückweichend zieht er das Objektiv nach sich, das nun Périer vor einem wirklichen Spiegel erfaßt (der in der Zwischenzeit schnell eingetauscht worden ist), aus dem er herausgestiegen zu sein scheint mit dem Satz: »Wir sind wie Ratten.« Ich habe vergessen Ihnen zu sagen, daß Marais im verkehrten Sinn springt, gegen einen genau gleichen Rahmen, denn die wahren Richter sind die im falschen Spiegel verkehrten falschen Richter. Dieser ganze Mechanismus, der manchmal sogar denen rätselhaft blieb, die daran mitwirkten, kam erst beim Abspielen in die richtige Ordnung; jeden Abend stürzte mein Team sich auf die Vorführung, um zu begreifen, was es tagsüber in blindem Vertrauen getan hatte.

Ich behaupte nicht, das Spiegelbild, das ein anderer spielt, erfunden zu haben. Ich gebrauche es wie eine Syntax. Es kommt auch in dem Film von Delannoy und Sartre vor, dank zweier Zwillingsschwestern. Außerdem ist nichts von alledem neu. Es sind die alten Wörter des Lexikons. Schon Méliès verwendete sie, und andere zu verwenden hieße, auf eine Emphase zurückgreifen, die in der visuellen Sprache ebenso jämmerlich ist wie in der geschriebenen. Übrigens gibt es Tricks selbst in Filmen, die überhaupt nicht danach aussehen. Sie sind das geheime Arsenal der Malerei und der Poesie. Ein schlechter Film ist wie ein ungebildeter Dichter, der sich damit zufriedengibt, eine Geschichte in Versen zu erzählen (ohne all das, was aus einem Gedicht erst ein Gedicht macht). (...)

A. F. – Seien wir ehrlich und erinnern wir daran, daß alle diese Rezepte, die Sie so großzügig geben, daß dieses Offenlegen all Ihrer Berufsgeheimnisse in den Kreisen des Films sehr ungewöhnlich ist. Ist es nicht gefährlich, den Vorhang über den Kulissen zu lüften?

J. C. – Das Werk eines Menschen muß ziemlich stark sein, damit man den Vorhang über seinen Kulissen lüften kann. Doch ein Berufsgeheimnis nützt kaum etwas, wenn man nicht die Möglichkeiten hat, damit umzugehen. Ich beziehe mich auf Picasso, der sagte: »Das Metier kann man nicht erlernen.«

A. F. – Wie müßte unter solchen Umständen eine ideale Filmschule aussehen?

J. C. – Sie kann keine Schule sein. Man müßte den Schülern erlauben, bei einer Reihe von Filmen die Dreharbeiten zu verfolgen. Man müßte die Mauern einreißen, die man vor ihnen aufrichtet, den Drahtverhau, mit dem sich die Technik umgibt. Ich weiß sehr gut, daß ein Aufnahmeort schnell überfüllt ist und daß immer zu viele Leute herumstehen bei einer Arbeit, die Ruhe und Stille erfordert. Aber wir würden eine studierende Jugend besser ertragen als einen Haufen Neugieriger, der sich stets Zutritt zu verschaffen weiß. Wenn ein junger Mann bei einem Film assistieren will, verlangt man von ihm, daß er zuvor drei andere gemacht hat (!). Ich verstehe dieses Rätsel nicht, und ich hoffe, daß es sich bald von alleine löst.

A. F. – Das sind zweifellos absurde und schlimme Schikanen. Welche davon scheint Ihnen die schlimmste für die Jugend zu sein, die ihr ein Ausdrucksmittel versperrt, das sie sich zu eigen machen müßte?

J. C. – Das schlimmste Hindernis kommt von dieser Jugend selbst und von den Moden, die sie sich schafft. Moden sind leider nicht nur das Privileg einer oberflächlichen Welt. Moden grassieren auch in der Jugend, unter Journalisten, bei allen, die ihren Geist üben. Und das sind die schlimmsten Moden, weil sie meinen, sich den üblichen Moden entgegenzustellen, weil sie sich selbst nicht als Moden begreifen. Alles, was neu ist, das heißt sich den uneingestandenen Moden entgegenstellt, wird von denen, die sich ihnen unterwerfen, abgeschoben, verachtet und als rückschrittlich angesehen. Wehe denen, die nicht Trompete spielen, wenn eine ganze Generation Trompete spielt! Wehe denen, die nicht mit dem Chor der Trunkenen singen! Wehe dem enormen Tempo unserer Volten, wehe unseren Nuancen, die weniger leicht zu lesen sind als die Farben!

Geht man dem Scherbengericht eines unserer jungen Leute auf den Grund, so braucht man nicht weit zu gehen. Man ist überrascht von seinen Grenzen. Außerhalb dieser Grenzen zählt nichts. Darin liegt eine außerordentliche Trägheit und Sturheit; und eine Bereitschaft, sich Befehlen zu fügen. Alles ist schwarz oder weiß. Etwas Anerkanntes ist nicht unbedingt etwas Erkanntes. Es ist anerkannt, das reicht. Und das Nichtanerkannte verdient kein näheres Studium. Das ist die Verwicklung zu Beginn von *Orphée* im Café der Dichter: *ja* für Cégeste, *nein* für Orpheus. Orpheus leidet darunter und sucht nach einer Bresche. Er glaubt, sie in den Worten aus dem Rolls Royce zu finden. Aber diese Worte stammen von Cégeste. Die Falle ist wichtig: ich zweifle, ob man sie verstanden hat. (Orpheus, altmodisch im guten Sinn des Wortes, fällt in eine Mode zurück.)

Zum Drama des Films gehört auch die Gewohnheit des jungen Publikums, eine Geschichte und nichts als eine Geschichte zu erwarten. Das ist die Schuld der Kriminalromane und der amerikanischen Übersetzungen. Deswegen ist das Vokabular des Films so mittelmäßig. Man fordert, daß der Film etwas beweist, man fordert eine *Botschaft,* aber man denkt überhaupt nicht daran, daß die kleinste Episode, die kleinste Linie sehr viel mehr beweisen können. In *Orphée* findet sich kein einziger Satz, keine einzige Geste, die nicht eine Rolle spielen und

Aufmerksamkeit verdienen. Aber warum sich damit aufhalten? Man spricht lieber mit seiner Nachbarin und lutscht Eis.

Das Schlimmste bei einer Sprache, die sich durch Abkürzungen (Slang, Argot usw.) deformiert, ist, daß sie ein immer konfuseres Denken erzeugt, das unfähig ist, Proportionen und Gleichgewicht zu spüren. Die moderne Architektur beweist es.

Sie ist der sichtbare Beweis dafür, daß die Geister und Seelen ohne Syntax leben, das heißt ohne Moral. Die Moral im üblichen Sinn hat nichts mit jener Moral zu tun, die jeder sich wie einen inneren Stil erschaffen müßte und ohne die ein äußerer Stil nicht möglich ist.

Es gibt noch ganz andere Gründe für die Distanzen, die ein Werk von unserem Publikum trennen. Wahrscheinlich kommt das Licht unseres Geistes aus einem Zerfall, wie das Licht der Sonne und alles anderen, was brennt. Aus *unserem* Zerfall. Wahrscheinlich braucht dieses Licht lange, um einen anderen Geist zu erreichen, wie das der Sterne, und manchmal kommt es zu ihm nur als Phantom, wie das der längst erloschenen Sterne, die wir noch sehen. Was man dann sieht, ist nicht das Licht des Geistes. Es ist ein Strohfeuer, ein Feuerwerk und ein Freudenfeuer. Außerdem meine ich, daß die Zeitgenossen in verschiedenen Epochen leben, es aber nicht wissen, und daß dies die Dinge nicht besser macht. (...)

A. F. – Zum Schluß: warum schreiben Sie, warum veröffentlichen Sie, warum machen Sie Stücke, Zeichnungen, Filme?

J. C. – Wahrscheinlich ist es so, daß mein Körper das alles ausscheidet. Nach und nach hat das Organ die Funktion dafür geschaffen. Ich sehe kein anderes Motiv dieser Schamlosigkeit, dieser Dringlichkeit, Geheimnisse an den Tag zu bringen und sie allen anzuvertrauen.

[illegible] Aber warum sich dann aufhalten? Man [illegible] mit seinen Nachbarn [illegible].

[illegible] Ausdruck [illegible] Stimmung [illegible] Dichter [illegible]

[illegible] Moral [illegible] Stil [illegible]

[illegible] Welt [illegible] das Licht [illegible] der Sonne [illegible]

[illegible]

[illegible]

[illegible]

V. Filmografie

I. Filme von Jean Cocteau

1930
Le Sang d'un poète (Das Blut eines Dichters). Ursprünglich vorgesehener Titel: »La Vie d'un Poète«. Schauspiel, Montage und Kommentar: Jean Cocteau. Technische Assistenten: Michel J. Arnaud und Louis Page. Kamera: Georges Périnal; Assistent: Preben Engberg. Ton: Henri Labrély (R.C.A. Photophone). Musik: Georges Auric; Orchester Flament. Dekor: Jean d'Eaubonne. Darsteller: Lee Miller (die Statue), Enrique Rivero (der Dichter), Pauline Carton (die Dompteuse der Kinder), Féral Benga (der schwarze Engel), Jean Desbordes (der maskierte Ludwig XV.), Odette Talazac, Barbette, Fernand Duchamps, Lucien Loger (die Zuschauer in der Loge). Produktion: Vicomte de Noailles. Gedreht von April bis September 1930. Erste öffentliche Aufführung im Vieux-Colombier, Paris, am 20. Januar 1932.

1946
La belle et la bête (Es war einmal). Geschichte, Szenarium, Dialoge, Regie: Jean Cocteau; nach einer Erzählung von Mme. Leprince de Beaumont. Technische Beratung: René Clement. Kamera: Henri Alekan; Assistent: Henri Tiquet. Künstlerische Leitung (Dekor und Kostüme): Christian Bérard; Assistent: René Moulaert. Ton: J. Lebreton. Musik: Georges Auric. Montage: Claude Ibéria. Darsteller: Jean Marais (Avenant, das Untier, der Prinz), Josette Day (die Schöne), Mila Parély und Nane Germon (Adélaide und Félicie, ihre Schwestern), Marcel André (der Vater der Schönen), Michel Auclair (der Bruder der Schönen), Raoul Marco (der Wucherer, Stimme von Jean Cocteau), Gilles Watteaux, Noë Blin. Produktion: André Paulvé. Produktionsleiter: Emile Darbon.

1947
L'Aigle à deux têtes (Der Doppeladler). Szenarium, Dialoge, Regie: Jean Cocteau. Technische Assistenz: Hervé Bromberger. Kamera: Christian Matras; Assistent: Alain Douarinou. Ton: J. Longuet. Künstlerische

Leitung (Modelle, Dekor, Kostüme): Christian Bérard; Assistenten: Georges Wakhévitch, Morin (Dekor) und Escoffier, Zay, Bataille (Kostüme). Musik: Georges Auric. Montage: Claude Ibéria. Darsteller: Edwige Feuillère (die Königin), Jean Marais (Stanislas), Sylvia Monfort (Edith de Berg), Jean Debucourt (Félix de Willenstein), Jacques Varennes (der Graf von Foehn), Gilles Quéant (Rudy), Abdullah (Toni), Maurice Nazil (Gentz), Yvonne de Bray (die Präsidentin), Edward Stirling (Adam), Gisèle Brucker (Caroline), Guy Favières (ihr Mann), Claude Serre, Gilles Watteaux, Edith Lansac, Nora Coste, Mme. de Morlay, Martine de Breteuil, Edouard Dermit (ein Soldat), dazu die Stimme von Jean Cocteau. Produktion: Ariane Films/Sirius. Vorwiegend auf Schloß Vizille gedreht, Oktober 1947. Pariser Premiere Ende 1947.

1948
Les parents terribles (Die schrecklichen Eltern). Szenarium, Dialoge (derselbe Text wie im Stück), Regie: Jean Cocteau. Kamera: Michel Kelber; Assistent: Henri Tiquet. Ton: Archimbault. Künstlerische Leitung: Christian Bérard; Assistent: Guy de Gastyne. Regie-Assistent: Raymond Leboursier. Montage: Jacqueline Sadoul. Musik: Georges Auric. Darsteller: Jean Marais (Michel), Yvonne de Bray (Yvonne, Sophie), Gabrielle Dorziat (Léo), Marcel André (Georges), Josette Day (Madeleine), dazu die Stimme von Jean Cocteau (in der letzten Szene). Produktion: Ariane (Alexandre Mnouchkine und Francis Cosne). Gedreht im Studio Francœur, Mai bis Juni 1948. Pariser Premiere November 1948.

1949
Orphée (Orpheus). Szenarium, Dialoge, Regie: Jean Cocteau. Kamera: Nicolas Hayer. Dekor: Jean d'Eaubonne (Entwürfe von Christian Bérard, der kurz vor seinem Tod mit den Zeichnungen begonnen hatte). Kostüme: Marcel Escoffier. Ton: J. Calvet. Musik: Georges Auric. Darsteller: Jean Marais (Orphée), Maria Casarès (die Prinzessin), Marie Déa (Eurydice), François Périer (Heurtebise), Juliette Gréco (Aglaonice), Edouard Dermit (Cégeste), Henri Crémieux (der Verleger), Pierre Bertin (Polizeikommissar), Roger Blin (der Dichter), Jacques Varennes, André Carnège, René Worms (die Richter), Renée Cosima, René Lacour, Maffre, Jean-Pierre Melville (der Hotel-Direktor), Claude Mauriac, Jean-Pierre Mocky, Jacques Doniol-Valcroze, Claude Borelli, Philippe Bordier, Victor Tabournol, dazu die Stimme von Jean Cocteau.

Produktion: André Paulvé und Les Films du Palais-Royal. Produktionsleiter: Emile Darbon. Gedreht im Herbst 1949. Erste Aufführung in der »Semaine du Cinéma« in Cannes am 1. März 1950. Pariser Premiere Ende September 1950.

1950

Coriolan. 16 mm, an zwei Wochenenden auf dem Landsitz Cocteaus gedreht. Mit Jean Marais, Josette Day, Jean Cocteau. Produktion: Henri Filippachi. Unveröffentlicht.

1952

La villa Santo-Sospir. Mittellanger Film, Kodachrome 16 mm. Gedreht in der Villa von Mme. Alec Weisweiller in Saint-Jean-Cap-Ferrat (Cocteau hat die Wände dieser Villa dekoriert). Assistent: Frédéric Rossif. Nur selten öffentlich aufgeführt. 1973 strahlte ORTF den Film aus.

1960

Le testament d'Orphée, ou ne me demandez pas pourqoui (Das Testament des Orpheus). Szenarium, Dialoge, Regie: Jean Cocteau. Technische Mitarbeit: Claude Pinoteau. Kamera: Roland Pontoiseau; Assistent: Raichi. Ton: Pierre Bertrand und René Sarrazin. Dekor: Pierre Guffroy. Kostüme und Skulpturen: Janine Janet. Montage: Marie-Josèphe Yoyotte. Darsteller: Jean Cocteau (der Dichter), Jean-Pierre Léaud (der Schüler), Nicole Courcel (die junge Mutter), Françoise Christophe, Henri Crémieux, Daniel Gelin, Philippe Juzau, Daniel Moosmann, Alice Sapritch, Marie-Josèphe Yoyotte, Edouard Dermit, Henri Torrès, Michèle Comte, Maria Casarès (die Prinzessin), François Périer (Heurtebise), Mme. Alec Weisweiller, Phillippe, Guy Dute, J.-C. Petit, Alice Heyliger, Michèle Lemoig, Yul Brynner, Claudine Auger, Jean Marais (Ödipus), Brigitte Morissan, dazu Pablo Picasso, Jacqueline Roque-Picasso, Luis-Miguel Dominguin, Lucia Bose, Charles Aznavour, Serge Lifar (als er selbst). Produktion: Jean Thuillier, Les Editions Cinégraphiques. Französischer Verleih: Cinédis. Gedreht in Les Baux und im Studio Victorine in Nizza, September–Oktober 1959.

II. Filme, an denen Jean Cocteau mitgearbeitet hat

1943
L'Eternel retour (Der ewige Bann). Szenarium und Dialoge: Jean Cocteau. Regie: Jean Delannoy. Kamera: Roger Hubert. Dekor: Georges Wakhévitch. Kostüme: Georges Annenkov. Musik: Georges Auric. Darsteller: Jean Marais (Patrice), Madeleine Sologne (Nathalie), Jean Murat (Marc), Piéral (Achille), Alexandre Rignault, Junie Astor, Roland Toutain, Jane Marken, Yvonne de Bray, Jean d'Yd, Sandra Venturini, Robert Sidonac. Produktion: André Paulvé. Produktionsleiter: Emile Darbon. Gedreht im Studio Victorine in Nizza, März 1943. Uraufführung im Oktober 1943.

1945
Les dames du Bois de Boulogne (Die Damen vom Bois de Boulogne). Szenarium (nach einer Episode aus »Jacques le fataliste« von Diderot) und Regie: Robert Bresson. Dialoge: Jean Cocteau. Kamera: Philippe Agostini. Darsteller u. a.: Paul Bernard, Maria Casarès, Elina Labourdette.

1947
Ruy Blas. Szenarium und Dialoge (nach dem Drama von Victor Hugo): Jean Cocteau. Regie: Pierre Billon. Regie-Assistent: Michel Boisrond. Kamera: Michel Kelber; Assistenten: Louis Stein und Roland Paillas. Dekor: Georges Wakhévitch. Kostüme: Marcel Escoffier. Ton: Longuet. Musik: Georges Auric. Darsteller: Jean Marais (Ruy Blas, Zafari), Danielle Darrieux (Königin Maria), Gabrielle Dorziat, Marcel Herrand, Alexandre Rignault, Amiot, Gilles Quéant, Ionne Salinass, Charles Lemontier, Lurville, Pierre Magnier, J. Berlioz, Rolla Norman, Alain Dhurtal, Edy Debray, Guy Favières, Giovanni Grasso, Claude Serre, Olivier Darrieux, Michel Flamme. Produktion: André Paulvé und Georges Legrand. Produktionsleiter: René Jaspard und Julien Rivière. Gedreht im Sommer 1947. Pariser Premiere im Februar 1948.

1950
Les enfants terribles (Die schrecklichen Kinder). Adaption, Szenarium und Dialoge (nach seinem eigenen Roman): Jean Cocteau. Regie und Produktion: Jean-Pierre Melville. Regie-Assistenten: Claude Pinoteau, Michel Drach, Serge Bourguignon, Jacques Guymont. Kamera: Henri

Decae. Dekor: Jean-Pierre Melville. Musik: Bach, Vivaldi. Montage: Monique Bonnot. Darsteller: Nicole Stéphane (Elisabeth), Edouard Dermit (Paul), Renée Cosima (Dargelos, Agathe), Jacques Bernard (Gérard), Roger Gaillard, Adeline Auroc, Maurice Revel, Mel Martin, Jean-Marie Robain, Emile Mathis, Maria Syliakus, Annabel, Rachel Devirys, Hélène Rémy, dazu die Stimme von Jean Cocteau.

1961
La Princesse de Clèves (Die Prinzessin von Clèves). Adaption und Dialoge (nach einem Roman von Mme. de La Fayette): Jean Cocteau. Regie: Jean Delannoy. Kamera: Henri Decae. Dekor: René Renoux. Kostüme: Marcel Escoffier; Assistent: Jacqueline Guyot. Regie-Assistenten: Alain Boudet und Joseph Drimal. Musik: Georges Auric. Darsteller: Marina Vlady (die Prinzessin), Jean Marais (der Prinz), Jean-François Poron, Annie Ducaux, Lea Padovani u. a. Französisch-italienische Koproduktion.

1965
Thomas l'Imposteur (Thomas, der Betrüger). Adaption des Romans von Jean Cocteau: Jean Cocteau, Michel Worms, Georges Franju. Dialoge: Jean Cocteau und Raphael Cluzel. Regie: Georges Franju. Kamera: Marcel Fradetal. Dekor: Claude Pignot. Montage: Gilbert Natot. Musik: Georges Auric. Darsteller: Fabrice Rouleau (Thomas), Emmanuelle Riva (die Prinzessin), Jean Servais, Michel Vitold, Sophie Darès, dazu Edouard Dermit und die Stimme von Jean Marais. Produktion: Eugène Lépicier (Filmel).

1940 adaptierte Cocteau für den Film *La Comédie du Bonheur* von Marcel L'Herbier ein Stück von Nicolas Evreinov. 1943 schrieb er die Dialoge zu *Le baron fantôme* von Serge de Poligny. Für die französisch-spanische Koproduktion *La Couronne noir/La Corona negra* (Regie: Luis Saslavski) schrieb Cocteau 1952 ein Originalmanuskript. Außerdem schrieb er den Kommentar für zahlreiche Kurzfilme (u. a. von Luciano Emmer, Jiři Trnka, René Lucot). Auftritte hatte er u. a. in Filmen von Sacha Guitry (*Le Malibran,* 1943, als Alfred de Musset), Hans Richter (*8 mal 8,* 1952) Jacques Baratier (Désordre, 1951), Jacques Demy/Jean Masson (*Le Musée Grévin,* 1958) und Herbert Seegelke (*Fünf Maler, eine Melodie,* 1954).

1948 verfilmte Roberto Rossellini Cocteaus Einakter *La voix humaine* (mit Anna Magnani; Dekor: Christian Bérard). 1957 verfilmte Jacques Demy den Einakter *Le bel indifférent.*

Nachwort

Für ein großes internationales Publikum wolle er einen Film machen, notierte Cocteau in einem seiner Film-Entwürfe. Dieser Traum hat ihn sein Leben lang verfolgt: das breite Publikum vor seiner Leinwand sitzen zu sehen, ein Publikum, das sich den Filmen, anders als ein hauptstädtisches Elite-Publikum, unvoreingenommen aussetzt und überläßt, das sich »hypnotisieren« läßt – Cocteau, der Fakir. Ein schöner Traum, viele Intellektuelle haben ihn. Doch zu rigoros brach der Filmemacher Jean Cocteau mit den Konventionen des Kinos (mit der vor allem: eine Geschichte zu erzählen), als daß er über ein speziell interessiertes, der Avantgarde aufgeschlossenes Publikum von Liebhabern hinausgelangt wäre. Seine Filme waren von vornherein dazu verdammt, Klassiker zu werden. Auch hierzulande sind sie ein ideales Futter für die Filmklubs, die Theater der Gilde, die Matineen am Sonntagvormittag, die Dritten Programme gewesen, sie sind es noch und sind es wieder. Daß ihm von der Kritik nicht einmal dieser Platz uneingeschränkt belassen wurde, hat Cocteau immer wieder zu erbosten Abrechnungen mit seinen »Richtern« veranlaßt. Auch in der westdeutschen Filmkritik fand er nicht eben einen Freund. Einen Poseur nannte ihn 1961 die Zeitschrift *Filmkritik* in einer kurzen Besprechung des *Testament d'Orphée,* und das blieb der einzige Text, den diese Zeitschrift in rund zwanzig Jahrgängen über ihn veröffentlichte. Über *Les parents terribles* befand Gunter Groll in der *Süddeutschen Zeitung,* das sei eine »angestrengte Theaterverfilmerei«. Mit anderen Worten, zu intellektuellen Ehren hat es der *Filmemacher* Cocteau bei uns noch kaum gebracht. Das mag auch mit seiner künstlerischen Position zusammenhängen: dem Elfenbeinturm, in dem er sich bestens einrichtete. Bis in den Duktus der Sprache hinein hat er ihn behauptet. Alles, was von außen, von einer technisch fortschreitenden Welt in diesen Turm drang, legte er schlicht und undifferenziert als Maschine, Getriebe ab. Dagegen setzte er *seine* Begriffe: Seele, Nacht, Schatten, das Wunderbare und das Mysterium – Begriffe, die sich als Konstanten durch seine Texte ziehen (und die deshalb auch dort gleichbleibend übersetzt wurden, wo sich im Einzelfall andere Übersetzungen angeboten hätten). Auch verwendet er bewußt das historisierende Wort Kinematograph (nicht ganz konsequent allerdings, was sich aus dem großen Zeitraum erklärt, über den hinweg die hier versammelten

Texte geschrieben wurden). – Im übrigen liegt in der Rigorosität, mit der Cocteau seinen Elfenbeinturm verteidigte, in der Ausschließlichkeit, mit der er sein Künstlertum behauptete, in seinem eigenwilligen Realismus-Verständnis durchaus eine Provokation für heute. Manche seiner Texte wirken, als seien sie polemisch gegen Haltungen vom Ende der 70er Jahre geschrieben: dagegen vor allem, der Kunst, dem Film die Poesie wegzunehmen; und gegen die Deformationen, die eine phantasielose Industrie der Filmkunst zufügt. Wer heute Filme macht und Filme sieht, den können diese Texte wohl nur zu einer Auseinandersetzung mit den Leinwänden von heute führen.

Die Auswahl der Texte erfolgte aus den beiden Bänden, die André Bernard und Claude Gauteur 1973 für den Verlag Pierre Belfond zusammenstellten (*Du Cinématographe* und *Entretiens sur le Cinématographe*). Für die Filmografie wurde zusätzlich auf den Seghers-Band *Jean Cocteau* von René Gilson (*Cinéma d'aujourd'hui* 27, Paris 1964 bis 1969) zurückgegriffen.

Klaus Eder

Register

Käthe Kollwitz

Ich will wirken in dieser Zeit

Auswahl aus den Tagebüchern und Briefen, aus Graphik, Zeichnungen und Plastik

Ullstein Buch 36062

Ullstein KunstBuch

Die Texte dieses Buches sind vom Sohn der Künstlerin herausgegeben und von dem Maler Friedrich Ahlers-Hestermann in einfühlsamer Weise eingeleitet worden. Auf 52 Abbildungen wird das graphische und plastische Werk der Künstlerin zur Ergänzung des schriftlichen Nachlasses in einer charakteristischen Auswahl vorgeführt, so daß ein geschlossenes und abgerundetes Bild dieser wohl stärksten Frauenpersönlichkeit in der deutschen Kunst des 20. Jahrhunderts entsteht. Die Selbstbekenntnisse aus den Tagebüchern und Briefen lassen in Verbindung mit den Bildwiedergaben Käthe Kollwitz als Künstlerin und als Mensch in ihren Idealen und Zielen lebendig werden.

August Grisebach

Carl Friedrich Schinkel

Architekt, Städtebauer, Maler

Ullstein Buch 36070

Ullstein KunstBuch

August Grisebachs Monographie über Carl Friedrich Schinkel ist, historisch gesehen, die erste gründliche, reich bebilderte Studie zum Werk des großen Architekten, Städtebauers und Malers. 1924 erstmals erschienen, ist das Buch eine engagierte und klar geschriebene Einführung in Schinkels Werk.

Hans Bellmer

Die Puppe

Mit zahlreichen Fotos
und Illustrationen

Ullstein Buch 36072

Ullstein KunstBuch

Hans Bellmer gehörte zum engen Kreis der Surrealisten im Paris der 30er Jahre. Seine »Puppe« ist ein Dokument dieser Zeit und der Grundvorstellungen des Surrealismus. Zahlreiche Fotos und Skizzen zeigen die Konstruktion und den Bau einer künstlichen, einer Schaufensterpuppe ähnlichen Frauenfigur. Mit den kommentierenden Texten Bellmers und des französischen Dichters Paul Eluard demonstrieren sie, wie der Surrealismus die Wirklichkeit ins Märchenhafe und Dämonische verwandelt und so neue Erfahrungsformen darzustellen und herauszufordern suchte.

Michel Foucault

Dies ist keine Pfeife

Mit vier Zeichnungen von René Magritte

Ullstein Buch 36073

Ullstein KunstBuch

Michel Foucault, einer der einflußreichsten Geisteswissenschaftler des heutigen Frankreich, untersucht in dieser Studie charakteristische Merkmale der surrealistischen Malerei am Beispiel einer Zeichnung René Magrittes. Unter Einbeziehung der Werke Klees und Kandinskys arbeitet er das revolutionäre Moment in der bildnerischen Darstellung des Verhältnisses von Sprache und Bild in der Kunst des Surrealismus heraus. Skizzen und Briefe von Magritte bilden das Anschauungsmaterial für dieses wichtige Dokument einer geistigen Auseinandersetzung der modernen französischen Kulturtheorie mit dem Surrealismus.